자본주의 시대전환과

한국 노동운동

양준석
백종성
지음

거인의
발걸음

자본주의
시대전환과

양준석
백종성
지음

거인의
발걸음

한국
노동운동

차례

들어가는 말

2부 한국 노동운동의 과제

백종성

들어가는 말

우리는 위기와 재난의 시대로 들어가고 있다. 우크라이나에서 열강의 대리전이 벌어지는 지금, 세계대전의 공포는 더 이상 역사책 속이야기가 아니다. 장기화하는 인플레이션의 고통은 노동자 민중에게 전가되고 있다. '수십 년 만의 폭우와 폭염', '한반도 면적을 불태운 산불'이라는 보도가 새롭지 않을 정도로 기후재난은 잦다. 코로나19·메르스·사스 등 빈번한 인수공통감염병 재난은 '종간(種間) 거리'의 단축, 즉 야생동물과 인간의 접촉이 빈번해지는 데 기인하며, 이는 자본이 이윤축적 과정에서 야생동물 서식지를 모조리 파괴하고 있기 때문이다. 그리고 12년 만에 최대치를 기록한 2021년 미국 증오범죄 건수가 드러내듯, 여성억압과 소수자 혐오가 확산하고 있다.

돌이켜 보자. 신자유주의는 1970년대 말 이래 본격화한 자본의 이윤축적 위기를 노동계급에 대한 혹독한 공격, 전 세계를 하나의 공급망으로 묶는 자본의 세계화, 금융자본의 팽창과 대중 수탈 등으로 만회하고자 한 위기관리 체제였다. 실제로 일정한 효과가 있기도 해서, 일부는 미국 경제가 인플레이션과 산출량 변동성을 낮게 유지하며 안정적으로 성장한 1980년대 중반 이후 약 20년의 시기를 '대안정기(Great Moderation)'라고 부르기도 했다. 그러나 2008년 공황은

30여 년간 유지된 신자유주의의 위기를 극적으로 드러냈다. '자기 조절적 시장'과 '시장 안에서의 자유'라는 오랜 신화의 붕괴 앞에, 국가 권력이 전면 개입했다. 양적완화, 소위 '비전통적 통화정책'을 동원한 일상적 국가개입은 파국을 지연했고, 가히 '자본을 위한 계획경제'라고 불러도 좋을 손실의 사회화로 공황의 피해를 노동자 민중에게 전가했다. 2008년 위기 전, 단 한 장의 모기지저당증권(MBS)도 보유하지 않던 미 연준은 2023년 6월 말 현재 2조 5,000억 달러가 넘는 모기지증권을 보유하고 있다. 이는 2007년 말 연준 전체 자산의 3배에 가까운 규모다. 이런 행보는 연방준비제도, 유럽중앙은행, 일본은행 등 주요국 중앙은행 모두 마찬가지였다. 붕괴의 위기 앞에, 자본주의는 실로 막대한 유동성을 투입한 것이다.

그러나 자본주의는 위기를 해소한 것이 아니라 그 폭발을 지연했을 뿐이다. 전면화한 국가개입으로 과잉자본 청산은 미루어졌고, 이는 위기를 상대국에게 전가하기 위한 무역갈등과 보호주의 심화로 이어졌다. G20 정상회의가 '함께 살길을 찾자'며 거듭 보호무역 반대를 결의해도, 어디까지나 말뿐이었다. 그렇게, 신자유주의 시대에 상상하기 어려웠던 사건들은 이제 일상이 되었다. 장기지속적 인플레이션, '당신이 친구라면 적과의 무역을 중단하고 우리 땅에 공장을 지으라'는 엄포로 공급망을 재구축하는 미국, 우크라이나에서 벌어지는 제국주의 열강의 대리전, 대만해협과 남중국해를 무대로 벌어지는 미중 군사대립 전면화. 이 모든 상황이 위기의 고조를 말한다.

위기와 재난과 전쟁의 시대가 앞에 있다. 그리고 역사는 이 엄혹한 시대가 또한 계급투쟁과 혁명의 시대이기도 함을 말한다. 우리에게는 비상한 시대에 대응하는 비상한 실천이 필요하다. 그리고 그 실천의 전제는 다가오는 시대에 대한 구체적 인식일 것이다.

1부 양준석의 글은 2023년 2월 '사회주의를향한전진' 공개강연회에서 '다시 위기·전쟁·혁명의 시대로 나아가는 세계 자본주의'라는 제목으로 발표되었다. 양준석은 지난 30여 년 동안 세계 자본주의가 '상대적 안정과 평화'를 누릴 수 있게 한 요인으로 신자유주의적 '세계화'와 '금융화'를 짚고, 세계화와 금융화가 스스로 내재한 모순으로 더 이상 제대로 작동하지 않게 되면서, 또는 내재한 모순을 거대하게 축적함으로써 자본주의가 심각한 균열과 파열로 점철되는 새 시대로 빠져들고 있으며, 2022년 발발한 우크라이나 전쟁과 기록적 인플레이션은 이를 모두 앞에 드러낸 계기였다고 진단한다. 이어 새 시대의 성격과 의미를 좀 더 명확히 하고자 세계 자본주의 역사 속에 어떤 시대들이 있었는지, 그 시대들이 구분되게 하는 요인은 무엇인지를 추적한다. 1776~1871년 '자유경쟁과 부르주아 혁명의 시대', 1871~1914년 '독점과 제국주의 전면화의 시대', 1914~1945년 '세계전쟁과 대공황과 노동자혁명의 시대', 1945~1980년 '전후호황과 개량주의의 시대', 그리고 1980년부터 최근까지 이어진 '신자유주의·세계화·금융화의 시대'를 추적하며, 새 시대를 맞는 우리의 과제를 논한다.

2부 백종성의 글은 2023년 1월 '사회주의를향한전진'과 '현장투쟁복원과계급적연대실현을위한전국노동자모임'이 함께 주최한 정세토론회에 '2023년 정세와 한국노동운동의 과제'라는 제목의 발제문으로 제출되었다. 백종성은 현 인플레이션의 주된 원인과 배경으로 공급망 균열을 짚고, 공급망은 코로나19 유행, 혹은 우크라이나 전쟁 발발 전 이미 균열하고 있었다는 진단과 함께 인플레이션이 장기간 지속될 공산이 높다고 주장한다. 이어 지구적 공급망 형성과 균열의 과정을 살피며, 전면화하는 열강의 대립이라는 조건 속에 한국 자본주의는 다차원에서 심각한 위기에 직면해 있음을 짚고, 이윤축적 위기 앞에 노동운동에 대한 전면적 공세가 다가오는 상황에서 노동계급은 열악한 노동자의 요구를 전면에 걸고 정치총파업을 조직해야 한다고 주장한다. 글을 내놓은 후 6개월여가 지난 시점에서 돌아보건대, 진단과 과제의 적실성과 무관하게 실현된 바가 많지 않아 부끄러울 따름이다. 부끄러움을 딛고, 앞으로도 '전진'이 제출한 과제의 실현을 위해 분투할 것을 밝힌다.

2023년 7월 5일

두 필자를 대표하여, 백종성 씀

1부

자본주의
시대전환

다시 위기·전쟁·혁명의 시대로
나아가는 세계 자본주의

우크라이나전쟁과 기록적 인플레이션. 2022년의 세계를 상징하는 이 두 사건은 마침내 세계 자본주의가 새로운 시대로 진입하고 있음을 상징한다. 새로 진입하는 시대가 어떤 이름으로 불리게 될지는 아직 알 수 없지만, 그 성격은 분명하다. 다시 한번 전 세계가 위기와 전쟁으로 뒤덮이는 시대, 그래서 혁명으로 뒤덮여야 할 시대다.

지난 30여 년 동안 세계 자본주의가 '상대적 안정과 평화'를 누릴 수 있게 한 것은 (신자유주의와 결합된) 이른바 '세계화'와 '금융화'였다. 그런데 세계화와 금융화가 스스로 내재한 모순 때문에 더 이상 제대로 작동하지 않게 되면서, 또는 내재한 모순을 너무나 거대하게 축적함으로써, 세계 자본주의는 심각한 균열과 파열로 점철되는 새로운 시대로 빠져들고 있다. 그동안 잘 보이지 않는 방식으로 진행되던 이러한 변화는 우크라이나전쟁과 기록적인 인플레이션을 통해 마침내 누구나 알 수 있는 충격적인 방식으로 전개되기 시작했다.

우크라이나전쟁

우크라이나전쟁은 모두 알다시피 미국·유럽 제국주의 진영과 러시아 제국주의 간의 긴장과 갈등이 폭발하면서 터졌다. 그런데 그 배경에는 세계화가 필연적으로 야기한 미·중 패권대결의 본격화가 깔려 있다. 전쟁이 터지기까지 미국·유럽 진영이 러시아를 향해 끝없이 지정학적 포위 수준을 높이며 도발해 간 배경에는 경제적 유일 패권의 약화를 군사적 패권의 강화로 보완하려는 오늘날 미국의 세계 지배 전략이 놓여 있다. 러시아가 우크라이나 침공을 감행하게 된 것은 중국의 부상과 함께 미국의 유일 패권이 약화되고 있는 만큼 이제 러시아도 수세를 벗어나 공세적으로 자신의 영향력 확대에 나서야겠다는 전략적 판단의 결과였을 것이다.

우크라이나전쟁은 미국과 중국을 정점으로 하는 제국주의 열강들 간의 대결이 이제 대리전과 국지전을 통한 군사적 충돌로도 나아가기 시작했음을 보여 준다. 우크라이나전쟁은 그리 오래지 않은 미래에 대만을 둘러싸고 미국과 중국이 직접적인 군사적 충돌을 벌일 가능성을 전 세계의 뜨거운 관심사로 올려놓았다. 앞으로 미국과 중국의 운명적인 패권대결이 지속되는 상황에서, 대만을 둘러싸고 미국과 중국이 군사적으로 충돌할 위험성은 점점 높아져 갈 것이다. 한반도가 또 다른 제국주의 대리전의 공간으로 전락할 위험성 또한 마찬가지다.

기록적인 인플레이션

미국과 유럽에서 10%를 전후한 인플레이션을 기록한 것, 그리고 수많은 제3세계 국가에서 수십%대의 인플레이션을 기록한 것은 1970년대를 휩쓴 스태그플레이션 이후 40여 년 만이다. 인플레이션의 원인을 놓고 말들이 많지만, 이번 인플레이션은 △공급 가격 인상에 따른 상품의 실질 가치 인상 △화폐 가치 하락에 따른 상품의 명목 가격 인상 △우크라이나전쟁과 기후위기가 야기한 에너지·식품 가격 인상 등을 그 원인으로 지목할 수 있을 것이다.

인플레이션 초기 '공급 가격 인상'은 주로 코로나19 팬데믹 봉쇄에서 비롯된 공급망 교란 때문으로 보였지만, 시간이 지날수록 훨씬 더 구조적인 다른 요인들이 지적되고 있다. 한편으로는 세계화를 역행하는 '역세계화'의 흐름이 누적되면서 세계화가 가져다주던 '최저단가 공급'의 이점이 눈에 띄게 줄어들기 시작했다는 점이 지적된다. 다른 한편으로는 체제 전반의 이윤율 하락을 금융화에 의존해 대응하는 추세가 강화되면서 필수소재들에 대한 산업투자마저 수익성이 낮다는 이유로 기피해 온 결과라는 점이 지적된다. 양쪽 모두 세계화와 금융화가 더 이상 제대로 작동하지 않게 된 결과로 또는 심각한 부작용을 만들어 낸 결과로 이번 인플레이션이 촉발됐음을 말해 준다.

화폐량 확대에 따른 '화폐 가치 하락' 또한 이번 인플레이션의 원인인가를 놓고서는 논란이 많다. 특히 2008년 이후 미국·유럽·일본 등이 10년 이상 장기간의 양적완화를 실행했는데도 인플레이션이 발생하지 않았다는 점이 주요 반대 논거로 제시된다. 공급된 화폐량이 많더라도 상품유통에 필요하지 않은 화폐는 사용되지 않은 채 축장됨으로써 물가에 영향을 미치지 않게 된다는 가설도 제시된다. 그러나 역사를 살펴보면 화폐량 확대가 인플레이션에 핵심 요인으로 작용한 여러 사례들을 찾아볼 수 있다. 하이퍼인플레이션으로 치달은 사례들이 대표적이다. 1970년대 세계를 휩쓴 인플레이션에서도 단순히 오일쇼크만이 아니라 미국이 베트남전쟁을 치르기 위해 달러를 살포하면서 초래된 기축통화 달러의 가치 하락 효과 또한 (금태환제 폐지로 더욱 증폭되면서) 주요 원인으로 작용했음을 상기할 필요가 있겠다. 화폐량 확대가 언제나 (또 확대된 양에 비례해서) 인플레이션을 일으킨다고는 할 수 없지만, 어떤 '임계점'을 넘으면 실제 상품유통에 사용되는 화폐량을 늘림으로써 화폐 가치를 하락시켜 인플레이션을 야기할 수 있다고 보는 게 더 합리적인 가설일 것이다. 2020년 코로나19 위기에 대응하며 과거 10년간의 양적완화를 더한 것 이상의 막대한 화폐가 일시에 투입된 점, 과거에는 채권시장에 화폐를 공급함으로써 양적완화 효과가 주식·부동산 등 자산 시장에 집중된 것과 달리 이번에는 상당량의 화폐가 일반 주민들에게 지급됨으로써 곧바로 상품유통에 투입된 점, 공급 측의 원인이 함께 작용함으로써 인플레이션의 시동을 막는 저항력이 약화된 점 등이 '임계점'을 넘어서게 한 요인으로 상정될 수 있을 것이다.

우크라이나전쟁과 기후위기가 야기한 '에너지·식품 가격 인상'은 우크라이나전쟁이 끝나고 기후재난으로 타격받은 특정 지역의 곡물 생산이 회복되면 제자리를 찾을 수 있을 것 같아 보인다. 그런데 우크라이나전쟁이 쉽게 끝나지 않으면 어떻게 될까? 다른 전략적 요충지에서 또 전쟁이 (이를테면 이란과 사우디아라비아 사이에서) 발생하면 어떻게 될까? 점점 심화되는 기후위기 때문에 매년 점점 더 많은 지역에서 곡물생산에 차질이 발생하면 어떻게 될까? '에너지·식품 가격 인상'은 단순한 일시적 요인이 아닐 수도 있다.

구조적인 인플레이션과 세계 자본주의의 향방

지금 전개되는 인플레이션이 많은 부분 구조적인 요인 때문에 발생한 것이라면, 인플레이션은 앞으로도 한동안 지속될 수밖에 없을 것이다. 지금 미국 연준을 비롯한 각국 중앙은행들이 공격적인 금리 인상에 나서고 있는데, 이를 통해 인플레이션이 어느 정도 완화될 수 있겠지만, 정책이 느슨해지면 꺼진 불 다시 살아나듯 인플레이션이 다시 솟구치는 양상을 보일 가능성이 높다.

인플레이션은 구매력을 삭감시킴으로써 노동자·민중에게 큰 고통을 안긴다. 지속되는 인플레이션은 노동자·민중으로 하여금 생존을 위해서라도 끊임없이 투쟁에 나서지 않을 수 없도록 등을 떠민다. 지배계급에게도 인플레이션이 큰 골칫거리일 수밖에 없는 이유다. 그런데 지속되는 인플레이션은 앞으로 자본주의 세계 경제 전반의 향방에도 매우 중대한 의미를 갖게 될 것이다.

뒤에서 다시 자세히 설명하겠지만, 2008년 이후 세계 자본주의에게 구세주와도 같았던 초저금리·양적완화는 인플레이션이 일어나지 않는다는 전제 위에서만 효과적으로 작동할 수 있었다. 그런데 앞으로 한동안 인플레이션이 지속될 수밖에 없다는 점은 앞으로 자본주의 경제가 전개되는 양상에 중대한 변화가 일어날 것임을 말해 준다.

2008년 이후 주식·부동산 등 자산 시장의 거품은 체제 전반의 이윤율 저하를 상쇄하는 핵심 수단이었다. 자본주의 경제의 근간인 은행들은 산업투자보다 부동산·주식투자 관련 대출로 더 많은 수익을 챙겼다. 실물경제와 한껏 괴리된 자산시장 가격은 당연하게도 급격한 하락 조짐을 주기적으로 보여 왔는데, 그 때마다 금리인하와 양적완화가 자산 거품을 다시 부양하며 해결사 역할을 해 냈다.

그런데 지금 각국 중앙은행들이 인플레이션을 잡기 위해 급격한 금리 인상에 나서면서 전례 없는 규모로 누적된 가계부채·기업부채·국가부채의 상환부담을 증대시키고 있다. 그리고 이는 다시 부동산·주식 가격 하락과 채권 시장 경색으로 이어진다. 만일 각국 중앙은행이 금리 인상만을 고수함으로써 한동안 이 상황이 지속된다면, 한편으로 부동산·주식 가격의 대폭락과 함께 가계파산이 속출할 것이고, 다른 한편으로 만연하는 채권만기연장 실패와 함께 기업파산이 속출할 것이다. 그리고 이는 부실 대출을 폭증시켜 금융기관의 파산으로, 나아가 금융위기로 이어질 것이다.

그러므로 각국 중앙은행은 금리 인상을 마냥 지속할 수 없을 것이다. 인플레이션이 어느 정도라도 꺾이는 조짐을 보이면, 서둘러 금리 인상을 중단할 뿐만 아니라 다시 금리 인하와 양적완화에 나섬으로써 자산 가격 상승과 부채 확대를 도모할 것이다. 그래야 금융화에 의존하며 간신히 연명하고 있는 오늘날의 자본주의 세계 경제가 침몰하지 않고 가동될 수 있기 때문이다. 문제는 그 상황에서 인플레이션이 얌전히 수그러들 것이냐는 점이다. 만일 지금 인플레이션을 야기한 다양한 구조적 원인들이 여전히 해결되지 않은 채 고스란히 남아 있는 상태라면, 각국 중앙은행들의 금리 인하와 양적완화는 인플레이션에 엄청난 에너지를 공급하며 미쳐 날뛰도록 부추기는 역할을 하게 될 것이다.

그러면 다시 각국 중앙은행은 인플레이션을 잡기 위해 금리 인상으로 선회해야 할 텐데, 이는 자산 시장 거품파열과 금융위기 발생 위험을 한껏 높일 것이다. 결국 또 얼마 못 가 거품파열과 금융위기를 피하기 위해 금리 인하와 양적완화로 다시 선회하겠지만 이번에는 인플레이션이 더 기승을 부릴 것이다. 한 번 두 번은 요행히 파국적 상황을 면할 수 있을지라도, 이 악순환이 지속되면서 금융위기의 폭발성과 인플레이션의 파고는 점점 더 높아져 갈 것이다. 결국 세계 자본주의는 금융대공황과 하이퍼인플레이션 가운데 하나 또는 둘 다를 향해 나아갈 가능성이 매우 높아 보인다.

부르주아 경제분석가들의 전망

자본주의가 새로운 시대로 접어들었다는 점, 세계 경제가 매우 파국적인 상황으로 치달을 가능성이 있다는 점은 일부 부르주아 경제분석가들의 전망을 통해서도 어느 정도 표현되고 있다.

영국에서 발행되는 경제신문 《이코노미스트》는 2022년 10월 6일자 '지금 등장하고 있는 새로운 거시경제 시대는 어떤 모습일까?'라는 기사에서 이렇게 말했다. "세계 경제에 새로운 체제가 고통스럽게 등장하고 있다. 제2차 세계대전 이후 케인스주의 부상이나 1990년대 자유 시장과 세계화로의 전환에 견줄 만한 중대한 전환일 것이다. 새로운 시대는 부유한 나라들이 2010년대의 저성장 덫에서 빠져나오거나 고령화나 기후변화 같은 큰 문제들을 해결하는 시대일 수도 있지만, 금융적 혼란에서부터 중앙은행 파산이나 통제불능 공공지출 같은 심각한 위험들을 현실화하는 시대일 수도 있다."

미국의 경제전문매체 《CNBC》의 11월 3일자 보도에 따르면, 세계 최대규모 헤지펀드 '엘리엇 매니지먼트'는 그 무렵 자사 투자자들에게 보낸 서한에서 "세계 경제가 하이퍼인플레이션으로 인해 제2차 세계대전 이후 최악의 경제 위기로 내몰릴 수 있다"고 경고했다. "경제가 어려워지는데도 연준이 통화긴축을 펴고 있는데 이는 경기침체를 초래하고 향후 더 큰 규모의 재정부양책을 촉발시킬 것"이며, "이런 악순환" 때문에 "현재 세계 경제가 하이퍼인플레이션의 길로 가고 있으며 이는 전 세계적인 사회붕괴와 내전, 국제분쟁으로 귀결될 수 있다"면서 "제대로 대응하지 못한다면 결국 그 길을 밟게 될 것"이라고 주장했다.

이보다 앞서 국제통화기금은 2022년 7월치 세계경제전망 보고서에서 세계 경제가 "우울하고 불확실성이 고조되는 상황"에 있다면서

"최악의 경제 위기를 앞에 두고 있다"고 전망했다. 2008년 금융위기를 예견한 이후 '닥터 둠'으로 불려 온 누리엘 루비니는 2022년 8월 9일 지난 40년 동안 유지돼 온 '거대한 평온(Great Moderation)'의 시대가 가고 '거대한 스태그플레이션(Great Stagflation)'의 시대가 오고 있다는 요지의 기사를 발표했다.

위기와 전쟁과 혁명의 시대

1914년에 발발한 제1차 세계대전은 영국·프랑스·독일 등 패권을 경쟁하던 선·후발 제국주의 강대국들이 1900년대 초반 강력한 세계공황으로 타격을 받은 뒤 이를 타개하기 위해 식민지 쟁탈전에 더욱 맹렬히 몰두하던 끝에 발생했다. 1939년 시작된 제2차 세계대전은 미국·영국·독일·일본 등 패권을 겨루던 열강들이 10년을 끌어도 해결되지 않는 세계대공황에 대한 해법을 마침내 대대적인 군비확장과 전쟁경제, 심지어 대량파괴와 대량학살에서 찾은 결과였다.

만일 앞으로 자본주의 세계 경제가 금융대공황과 하이퍼인플레이션을 향해 점점 다가간다면, 이는 이미 대리전과 국지전의 단계에 이른 제국주의 열강들 간의 충돌 강도를 더욱 빠르게 높일 것이다. 그 구체적인 추이까지 지금 예견할 수는 없지만, 그러므로 다가오는 시대가 위기와 전쟁으로 점철된 시대일 수밖에 없다는 점은 분명하다. 파산과 실업과 빈곤과 전쟁으로 가득한 시대, 거기에 기후재난까지 겹쳐질 이 시대에 세계 노동자계급은 생존을 위해서라도 파업과 시위와 혁명으로 떨쳐 일어서지 않을 수 없게 될 것이다.

'1부 자본주의 시대전환은' 위와 같이 요약될 수 있는 새 시대의 성격과 의미를 좀 더 정확하게 이해할 수 있도록 그 전반적인 배경을 설명하기 위한 것이다. 이를테면 다음과 같은 질문들에 답을 제시해 보려고 한다. 지금 새로운 시대로의 전환이 일어나고 있다면, 그동안 세계 자본주의 역사 속에서는 어떤 시대들이 있었는가? 자본주의 아래서 그와 같이 시대들이 구분되게 하는 요인은 무엇인가? 지난 40 여 년 세계 자본주의를 지배한 신자유주의·세계화·금융화 시대는 어떻게 등장했고 어떤 내재적 모순이 작동한 결과 막을 내리고 있는가? 세계 자본주의 역사 속에서 새로운 시대의 위치와 함의는 무엇인가?

1장

자본주의 역사 속의
시대 구분 요인

자본주의는 그 출발부터 지금까지 변함없이 노동자계급에 대한 끝없는 착취에 기반해 왔다. 또한 노동자계급을 분열시키고 착취체제를 지탱하기 위해 여성과 성 소수자, 흑인을 비롯한 유색인, 이주민과 장애인 등에 대한 억압과 차별을 지속해 왔다. 나아가 자본의 맹목적인 확대재생산만을 절대시함으로써 자연과 인간의 공존이나 도시와 농촌의 조화 같은 인간 생존의 필수적인 환경들을 회복 불가능한 수준으로 파괴해 왔다.

하지만 자본주의가 늘 같은 모습을 띠었던 것은 아니다. 한 인간이 한평생을 거치며 소년기·청년기·장년기·노년기의 모습을 거쳐 가는 것처럼, 자본주의 또한 그동안 자본 간의 관계, 자본과 국가 간의 관계, 국가와 국가 간의 관계, 착취와 수탈의 결합방식, 그리고 계급투쟁의 양상에서 상당히 뚜렷하게 구별되는 특징을 가진 시대들을 거쳐 왔다.

그동안 자본주의는 크게 5개의 시대들을 거쳐 온 것으로 대별해볼 수 있다. 첫 번째는 1776년부터 1871년까지 '자유경쟁과 부르주아혁명의 시대'다. 두 번째는 1871년부터 1914년까지 '독점과 제국주의 전면화의 시대'다. 세 번째는 1914년부터 1945년까지 '세계전쟁과 대공황과 노동자혁명의 시대'며, 네 번째는 1945년부터 1980년까지 '전후호황과 개량주의의 시대'다. 다섯 번째는 1980년부터 최근까지 이어진 '신자유주의·세계화·금융화의 시대'다.

1) 이윤율 저하 경향의 장기적 관철

자본주의 생산의 목적은 인류의 더 나은 삶이나 행복 또는 사회적 필요가 아니다. 자본의 자기증식, 다시 말해 이윤을 덧붙여 자본을 끊임없이 불려 나가는 것 자체가 자본주의 생산의 진정한 목적이다. 그러므로 '자본의 맹목적인 확대재생산'에 복무하려는 자본가들의 탐욕과 열망이야말로 자본주의에 끊임없이 생기를 불어넣는 원동력이다.

'자본의 맹목적인 확대재생산'에 복무하기 위해, 자본가들은 끝없는 경쟁에서 살아남고 승리해야 한다. 이를 위한 가장 효과적인 방법은 기술혁신을 통해 특별이윤을 선취하는 것이다. 그런데 경쟁에서 뒤처진 자본가들에게 필사적으로 요구되는 것 또한 선발자의 기술혁신을 따라잡는 것이다. 그러므로 특정 자본가의 기술혁신은 오래지 않아 전체 자본가계급의 기술혁신으로 일반화하고, 특정 자본가의 특별이윤이 전체 자본가계급의 상대적 이윤으로 일반화한다.

그런데 이와 같은 기술혁신의 지속적인 전개는 자본의 유기적 구성, 다시 말해 자본가의 임금(가변자본) 투자액 대비 생산수단(불변자본) 투자액의 비중을 점점 높인다. 나아가 자본의 평균이윤율이 점점 하락하는 결과로 이어진다. 자본의 이윤이란 결국 노동자가 수행하는 살아 있는 노동에서 잉여가치를 착취하는 것인데, 기술혁신이 지속될수록 살아 있는 노동 대비 생산수단에 투자된 비중이 점점 높아질 수밖에 없기 때문이다.

이러한 이윤율 저하 경향을 마르크스는 《자본론》 제3권에서 "자본주의적 생산양식의 본질로부터 파생되는 하나의 자명한 필연성"이라고 표현했다.

"자본주의적 생산은 불변자본에 비해 가변자본을 점점 더 감소시킴과 함께 총자본의 유기적 구성을 점점 더 고도화시키는데, 이것의 직접적인 결과로 [잉여가치율(노동착취도)이 불변이거나 심하게는 증대하는 경우에도] 일반적 이윤율은 계속 하락한다. (이 하락이 왜 이와 같은 절대적인 형태로 나타나지 않고 오히려 점진적인 하락의 경향으로 나타나는가에 대해서는 뒤에서 설명할 것이다.) 따라서 일반적 이윤율의 점진적인 저하 경향은 사회적 노동생산성의 점진적인 발달이 자본주의적 생산양식에서 특유하게 표현되는 방식에 불과하다. 물론 이윤율이 기타의 이유 때문에 일시적으로 저하하지 않을 수도 있지만, 여기에서 말하는 것은, 자본주의적 생산양식이 발달함에 따라 일반적인 평균 잉여가치율이 일반적 이윤율의 하락으로 표현될 수밖에 없는 것이 자본주의적 생산양식의 본질로부터 파생되는 하나의 자명한 필연성이라는 점이다."

(마르크스, 《자본론》 제3권, 제3편 이윤율 저하경향의 법칙, 제13장 법칙 그 자체)

그런데 이윤율 저하 경향은 말 그대로 '경향적으로' 관철된다. 상쇄 요인이 작용하기 때문이다. 마르크스는 그 상쇄 요인으로 '노동착취도(잉여가치율)의 증대, 노동력의 가치 이하로 임금 저하, 불변자본

요소들의 저렴화, 상대적 과잉인구, 대외무역, 주식자본의 증가'(제14장)를 든다. 상쇄 요인의 원리는 간단하다. 이윤율 공식{잉여가치/(생산수단+임금)}에서 분모는 줄이고 분자는 늘리는 것이다. 또한 마르크스가 지적하는 상쇄 요인의 대부분은 자본가들이 이윤을 늘리기 위해 (또는 이윤율 저하 경향을 상쇄하기 위해) 의식적으로 노력을 기울인 결과다.

그렇다면 실제 자본주의 역사에서 이윤율 저하 경향은 어떻게 실현됐을까? 2014년 아르헨티나의 에스떼반 에쎄끼엘 마이또는 이와 관련해 의미 있는 연구 결과를 발표했다. 1869년부터 2010년까지 미국, 영국, 독일, 일본, 스웨덴, 네덜란드 등 6개 핵심 국가의 이윤율 평균치를 실제로 계산한 것이다. 그 결과를 보면, 1870년 무렵 40%대

미국, 영국, 독일, 일본, 스웨덴, 네덜란드 핵시 6개국의 평균 이윤율(1869~2010년)

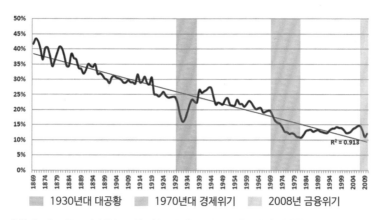

출처: Esteban Ezequiel Maito, <The historical transience of capital>, 2014.

자본주의 시대전환과 한국 노동운동

에서 출발했던 이윤율은 경향적으로 하락을 거듭한 결과 2010년 무렵 10% 근처에 이르렀음을 알 수 있다. 짧은 기간을 놓고 보자면 등락을 거듭했지만, 긴 시간을 놓고 보자면 이윤율이 큰 폭으로 하락했다. 마르크스가 예견한 그대로 이윤율 저하는 '경향적으로' 관철됐다.

자본주의 역사를 통해 이윤율이 큰 폭으로 하락해 왔다는 것은 자본주의가 결코 영원불멸의 체제가 아니라 마치 하나의 생명체처럼 탄생-성장-만개-노화-소멸의 과정을 겪고 있음을 말해 준다. 바로 이 점이 자본주의 안에서 서로 구분되는 시대들이 나타나게 만드는 첫 번째 요인이다.

2) 이윤율 저하 경향을 상쇄하려는 필사적인 분투

자본주의적 생산은 '더 많은 이윤 확보' 그 자체를 목적으로 하는데, 개별 자본가들이 이윤을 늘리려고 기술혁신을 전개할수록 사회 전체적으로는 평균이윤율의 저하 압력을 더 강하게 받는다. 이러한 모순적 상황은 자본가들로 하여금 이윤율 저하를 상쇄하기 위해 끝없는 분투에 나설 수밖에 없도록 강제한다. 이윤율 저하를 상쇄하려는 자본가들의 필사적인 분투는 자본주의가 전개되는 양상에 지대한 영향을 미쳐 왔다.

첫째, 이윤율 저하를 상쇄하려는 자본가들의 노력은 여러 측면에서 생산의 과잉을 심화시킴으로써, 이윤율 저하 그 자체와 함께 공황을 유발하는 주요한 원인이 돼 왔다. 이를테면 잉여가치율을 높이려는 시도는 기술혁신에 더욱 매달리게 함으로써 과잉축적을 불러온다. 노동력의 가치 이하로 임금을 저하시키려는 시도는 사회적으로 노동자들의 소비 능력을 저하시킴으로써 과잉생산을 불러온다. 이윤율의 급격한 저하 또는 생산의 과잉은 가장 취약한 자본들부터 연쇄적인 파산으로 내몰면서 공황을 불러온다.

둘째, 이윤율 저하를 상쇄하려는 자본가들의 노력은 공황을 거칠 때마다 독점이 빠르게 심화하도록 만드는 주요한 원인이 돼 왔다. 공황 때 파산한 기업들의 생산수단을 저렴하게 인수하는 것은 전체 생산수단(불변자본) 투자액의 비중을 낮춤으로써 이윤율 저하를 상쇄하는 중요한 수단이 된다. 실제로 독점체들이 형성되는 역사적 과정을 보면, 자기 자본을 확장하는 '집적'보다 다른 자본을 흡수하는 '집중'이 훨씬 더 큰 역할을 수행해 왔다.

셋째, 자본주의 국가는 이윤율 저하를 상쇄하기 위해 특정 시기마다 특정 방향의 정책을 집중적으로 추진해 왔다. 이 점은 1870년대 독점자본주의 등장 이후 거대하게 성장한 독점체들이 국가기구를 직접 좌지우지할 정도로 영향력이 커지면서 뚜렷한 추세가 되었다. (반면 자유경쟁 시대에는 자본주의 국가가 경제에 개입하지 않은 채 체제수호 역할만을 수행했다.)

그런데 자본주의 국가가 이윤율 저하를 상쇄하기 위해 추진하는 핵심 정책은 일정한 시기마다 달라져 왔다. 이를테면 1871~1914년 이윤율 저하를 상쇄하기 위한 자본주의 국가의 핵심 정책은 '식민지로의 자본 수출'이었고, 1914~1945년 핵심 정책은 '전쟁'이었다. 1945~1980년 핵심 정책은 '유효수요 확장'이었으며, 1980년부터 최근까지 핵심 정책은 '신자유주의·세계화·금융화'였다. 일정한 시기마다 핵심 정책이 달라질 수밖에 없었던 것은 어느 정도 시간이 지나고 나면 누적된 모순 때문에 더 이상 제대로 작동하지 않거나 역효과가 극심해졌기 때문이다.

이윤율 저하 경향을 상쇄하기 위해 자본가들이 필사적인 분투에 나선다는 점, 특히 국가를 동원해 특정 정책을 추진하는데 그 핵심 정책이 일정한 시기마다 바뀔 수밖에 없다는 점은 자본주의 안에서 서로 구분되는 시대가 나타나게 만드는 두 번째 요인이다.

3) 자본주의 위기의 심화 정도

마르크스가 1867년 《자본론》 제1권을 쓸 때까지 목격할 수 있었던 공황은 '거의 10년 주기의 전면적 공황'이었다. 그런데 이윤율 저하 경향을 상쇄하려는 자본가들의 필사적인 분투는 공황의 전개 양상을 바꾸었다. 1870년대 독점자본주의 등장과 함께, 주기적인 전면적 공황 대신 만성적인 장기불황이 들어섰다. 독점자본은 규모와 시장지배력 때문에 쉽사리 파산하지 않는 끈질긴 생명력을 가진 데다가, 이윤율 저하 경향을 상쇄하기 위해 국가를 대대적으로 동원할 수 있었기 때문이다.

이러한 변화를 엥겔스는 이렇게 포착했다.

"1825년부터 1867년에 이르기까지 끊임없이 반복되어 온 정체-번영-과잉생산-공황이라는 10년 주기의 순환은 확실히 그 진행을 마쳐버린 것처럼 보인다. 그러나 그것은 오로지 우리들을 영속적이고 만성적인 불황이라는 절망의 수렁으로 빠뜨리기 위해서일 뿐이다."

(엥겔스가 1886년 《자본론》 제1권 영어판을 발간하며 붙인 서문)

"종전의 10년 주기의 급격한 형태의 순환은, 상대적으로 짧고 약한 경기회복과 상대적으로 길고 격렬하지 않은 불황이 교체되는 형태로 전환한 것 같다. 이는 더 만성적이고 장기적인 성격을 가지며, 각각의 공업국에서 서로 다른 시기에 펼쳐진다. (…) 지금 우리는 들어보지도 못한 정도로 격렬한 새로운 세계공황의 준비기에 있는가? 많은 점에서 그런 것 같다. (…) 유럽의 과잉자본을 위한 무제한의 각종 투자영역이 세계 각지에 열려 있으며, 이리하여 그 과잉자본은 더 광범히 분산되며, 국지적인 과잉투기는 더 쉽게 극복된다. 이러한 모든 것들에 의해 공황 발생의 종전의 온상이나 계기가 대부분 제거되었거나 매우 약화되었다. 이와 함께 국내시장의 경쟁은 카르텔과 트러스트의 출현에 의해 후퇴하고 있으며, 해외시장의 경쟁은 보호관세[역주: 영국이외의 모든 주요 공업국들은 보호관세 장벽을 치고 있다]에 의해 제한되고 있다. 그러나 이 보호관세 자체는 세계시장의 지배권을 결정할 최후의 전면적 산업전쟁을 위한 무기일 따름이다. 이와 같이 종래의 공황의 재현을 상쇄하는 요인들 각각은 훨씬 더 격렬한 장래의 공황의 싹을 내포하고

자본주의 시대전환과 한국 노동운동

있다."

(엥겔스가 1894년 《자본론》 제3권을 발간하며 제5편 제30장에 붙인 주석)

엥겔스가 예견한 것처럼, 만성불황은 공황의 종말을 뜻하지 않았다. 만성불황은 (과거의 전면적 공황이 주기적으로 모순을 해소해 냈던 것과 달리) 충분히 해소되지 않은 모순을 고스란히 축적하는 과정이었고, 그럼으로써 "훨씬 더 격렬한 장래의 공황"을 향해 나아가는 과정이었다. 실제로 1870년대 초부터 1890년대 말까지 30년 가까이 지속됐던 만성불황은 1900~1903년 세계적인 공황을 향해 모순을 축적하는 과정이었다.

만성불황이 지배하는 시기는 다시 말해, 전면적 공황이 외견상 사라진 시기는, 이윤율 저하를 상쇄하기 위한 자본주의 국가의 정책이 일정 기간 효과를 발휘하는 시기였다. 하지만 그 정책은 그 자체의 모순으로 인해 일정 시간이 지나면 더 이상 제대로 작동하지 않는 (또는 역효과가 극심해지는) 지점에 봉착했고 결국에는 누적된 모순이 더욱 격렬한 형태의 공황으로 폭발했던 것이다.

그런데 모순의 누적은 단지 경제적인 측면에만 한정되지 않았다. 사회적·정치적·국제적 측면에서도 모순은 누적되었으며, 그러한 영역에서 모순의 폭발 또한 기존의 축적체제 또는 자본주의 자체에 존폐가 걸린 위기를 불러왔다. 이를테면 1871~1914년 시기에 이윤율 저하를 상쇄하는 핵심 수단이었던 '식민지로의 자본수출'은 식민지 재분할을 둘러싼 제국주의 열강들 간의 갈등을 고조시킨 끝에 마침내 1914~1918년 제1차 세계대전을 불러왔다. 그리고 그 시기에 누적된 경제적 모순은 끝내 1929~1939년 세계대공황으로 폭발했으며, 대공황이 불러일으킨 사회적·정치적·국제적 모순은 다시 1939~1945년 제2차 세계대전으로 폭발했다.

이는 자본주의가 전개되면서, 처음에는 활력을 갖고 성장하는 시기가 펼쳐지다가, 이어서 외견상 평화와 안정을 누리지만 모순이 누적되는 시기가 펼쳐진 뒤, 어느 시점에 이르면 누적된 모순이 폭발하면서 모든 것이 전면적으로 요동치고 충돌하여 체제 자체가 사활적 위기에 빠지는 시기로 나아간다는 것을 말해 준다. 그러므로 자본주의 위기의 심화 정도는 자본주의 안에서 시대가 구분되게 하는 또 하나의 요인으로 작용한다.

4) 착취와 수탈의 결합방식

마르크스주의 전통에서 착취(exploitation)는 자본주의 생산과정 안에서 노동자가 생산한 잉여가치를 가로채는 것을 뜻한다. 반면 수탈(expropriation)은 잉여가치 생산과정 바깥에서 누군가의 소유물을 빼앗거나 훔치는 것을 뜻한다.

자본주의 생산과정의 중심은 사회적 생산을 조직하고 그 과정에서 잉여가치를 착취하는 데 있다. 거대하게 발전한 사회적 생산은 그 규모만큼 거대한 잉여가치를 만들어 낸다. 따라서 자본가들이 거두는 이윤의 중심은 착취를 기초로 한다. 하지만 이윤율 저하 경향은 자본가들로 하여금 이를 상쇄하기 위해 수탈에 기초한 추가수익 또한 끊임없이 갈구하게 만든다.

실제로 자본주의 역사에서 착취와 수탈은 그 출발부터 지금까지 늘 결합돼 왔다. 18~19세기 유럽과 북미에서 산업혁명에 투입된 자본은 기본적으로 16~18세기 식민지와 노예노동에 대한 어마어마한 강탈을 통해 조성됐다. 노동력의 가치 이하로 임금을 지급해도 되는 저렴한 노동력을 풍부하게 확보하기 위해, 자본가들은 흑인과 여성에 대한 차별, 식민지·종속국에 대한 제국주의적 억압을 지속적으로 활용해 왔다.

그런데 착취와 수탈이 결합되는 비중은 변화를 거듭해 왔다. 자본가들이 원활하게 이윤을 획득할 수 있을 때에는 상대적으로 잉여가치 착취에 집중했다. 그러나 이윤율 저하로 고통당할 때에는, 줄어든 이윤을 보충하기 위해 (또는 추가적인 이윤율 저하를 상쇄하기 위해) 더욱 적극적으로 잉여가치 생산과정 바깥에서 수탈을 병행했다. 수탈의 집중점도 변화해 왔다. 이를테면, 20세기 전반까지는 식민지에 대한 총체적 약탈이 중심에 있었다면, 오늘날에는 금융수탈이 중심에 있다.

그런데 수탈에는 '파멸로 나아가는' 속성이 있다. 잉여가치를 생산하는 노동자의 노동 없이는 착취 자체가 불가능하기 때문에, 착취에는 '노동력의 재생산'이라는 한계선이 있다. 그러나 수탈에는 그런 한계선이 원리적으로 존재하지 않는다. 그래서 수탈은 자주 피수탈자를 파멸로 내몬다. 피수탈자가 파멸하면, 더 이상 수탈을 할 수 없게 된 수탈자도 몰락한다.

실제로 그동안 수탈이 가진 파멸적 속성은 경제적 측면을 넘어서서 사회적·정치적·국제적 측면에서 매우 큰 후과를 낳았다. 수 세기에 걸친 식민지 약탈은 끝내 제국주의 세계전쟁과 지구를 뒤덮은 민족해방운동이라는 후과를 낳으며 자본주의 체제 자체를 중대한 위기에 빠뜨렸다. 거대한 부동산 거품을 활용한 금융수탈은 미국에서 수많은 주택담보 대출자들을 파산시킨 뒤 그 후과로 금융기관들을 연쇄 파산시키며 세계 경제를 붕괴 직전까지 몰고 간 2008년 금융위기를 불러왔다.

자본가들이 이윤율 저하를 상쇄하기 위해 얼마나 강하게 또 주로 어떤 방법으로 수탈을 병행하는지, 그래서 그 후과를 어떻게 치르는지는 시대에 따라 달라져 왔다. 그래서 이 점이 자본주의 아래서 시대가 구분되게 하는 또 하나의 요인으로 작동한다.

5) 노동자계급의 혁명적 역량의 성숙 정도

자본가계급의 착취와 억압에 저항하고 나아가 자본주의 자체를 철폐하고자 하는 노동자계급의 운동은 역설적으로 자본주의 자체의 산물이다. 특정 시기 자본주의 위기의 심화 정도, 착취와 수탈의 결합 방식, 누적된 모순의 성격 등 자본주의의 전개 양상은 노동자운동의 전개 양상을 큰 틀에서 규정한다. 그러나 노동자운동은 자본주의의 단순한 반영물이 아니다.

　노동자계급의 단결과 계급의식, 그리고 특히 혁명적 역량이 얼마나 성숙해 있는가는, 국가가 이윤율 저하를 상쇄하기 위해 사용할 수 있는 정책의 범위와 강도에 영향을 미친다. 더욱 중요하게는 마침내 모순이 폭발하게 된 자본주의가 노동자·민중을 혹독하게 희생시켜 자신의 모순을 상당 정도 털어 냄으로써 청춘의 몸으로 소생하여 또 다른 시대를 열어 낼 수 있느냐에 결정적 영향을 미친다.

　지금껏 살펴본 것처럼, 이윤율 저하 경향의 장기적 관철에 따라 시간이 지날수록 자본주의 체제에는 모순이 누적된다. 이에 맞서 국가가 이윤율 저하 경향을 상쇄하기 위한 정책들을 추진한다. 그 정책들은 일정 기간 효과를 내지만, 내재하는 모순들 때문에 더 이상 작동하지 않거나 역효과가 극심해져 지속할 수 없게 된다. 누적된 모순은 마침내 전쟁과 대공황으로 폭발한다.

　위기와 전쟁의 시대는 혁명의 시대를 낳는다. 전쟁과 대공황의 참혹한 파국은 노동자혁명을 향한 절박한 필요와 가능성을 제공하기 때문이다. 그러나 노동자혁명이 저절로 실현되지는 않는다. 노동자계급의 혁명적 역량을 건설해 낼 때만, 이미 역사적 소명을 다한 자본주의가 끔찍한 야만을 통해 노동자계급과 인류를 희생시키면서 그 피를 머금고 자신의 생명을 연장하는 걸 막을 수 있다.

2장

신자유주의·세계화·금융화 이전
네 개의 시대

'신자유주의·세계화·금융화의 시대'는 어떻게 등장했고 어떤 내재적 모순이 작동한 결과 막을 내리고 있는가? 지금 새롭게 열리고 있는 시대는 전체 자본주의 역사 속에서 어떤 위치와 함의를 갖고 있는가? 이를 해명하는 작업에는 그보다 앞선 시대들에 대한 이해가 필요하다. 오늘날의 시대들을 해명하는 데 필요한 내용들을 중심으로 앞선 네 번의 시대가 가진 특징들을 간략히 살펴보자.

1) 자유경쟁과 부르주아혁명의 시대(1776~1871년)

식민지 약탈과 노예노동에 기초한 상업 자본주의 그리고 공장제 수공업의 시대를 거쳐, 1700년대 후반 기계제 대공업에 기초한 산업 자본주의 시대가 열렸다. 1776년은 자본주의가 본격적으로 출발한 시점으로서 여러 면에서 상징성을 갖는다. 무엇보다 그 해에 영국의 산업혁명을 상징하는 증기기관이 일반화됐다. 미국의 독립혁명이 시작된 해이자, 1789년의 프랑스 대혁명을 10여 년 앞둔 해였다. 부르주아 이데올로기를 정립하는 데서 중요한 역할을 한 애덤 스미스의 《국부론》이 발간된 해이기도 했다.

이때로부터 거의 100년 동안, 영국과 프랑스를 중심으로 한 유럽 일부와 동부해안 중심의 북미대륙 일부라는 제한된 지역에서 기계제 대공업에 기초한 산업 자본주의가 발전돼 나갔다. 축적된 자본들은 아직 중소규모를 벗어나지 못했고, 산업마다 자본 간의 경쟁이 자유로이 펼쳐졌다. 국가는 경제에 개입하지 않은 채 체제를 수호하는 역할만을 담당했다.

1825년 최초의 공황이 나타난 뒤, 대략 10년 주기의 전면적 공황이 펼쳐졌다. 공황은 매우 파괴적이었지만, 한계기업을 파산시키고 임금을 하락시키는 '창조적 파괴'를 통해 자본의 이윤율을 급격히 회복시켰다. 공황의 주기적 격렬성은 역설적으로 성장기 자본주의가 가진 활력의 표현이었다.

1500년대 초반 대항해시대가 열릴 때부터 1800년대 중반 1차 산업혁명이 정점에 이를 때까지, 유럽은 세계 곳곳에서 식민지를 구축하고 약탈과 노예노동으로 어마어마한 부를 수탈했다. 그 사이 세계의 패권은 스페인과 포르투갈에서 네덜란드를 거쳐 영국으로 넘어갔다.

가장 먼저 패권을 쥐었던 스페인은 오늘날의 라틴 아메리카 대부분을 식민지로 구축하고서 엄청난 양의 금과 은을 약탈했다. 한때 전 세계에서 생산된 은의 80%가량을 소유할 정도였다. 스페인이 라틴 아메리카를 약탈하는 동안 선주민 90%가 전쟁, 광산노동, 전염병 등으로 학살당했다. 스페인은 넘쳐나는 금·은을 믿고 대규모 전쟁을 거듭했다. 필요한 재화는 수입으로 해결하면서 자체 산업화를 가로막았다. 그렇게 금·은 약탈에 의존하던 스페인 경제는 시간이 흘러 금·은 유입량이 줄어들자 급격하게 몰락하고 말았다. 한때 세계를 지배하던 스페인은 유럽의 후진국으로 밀려났다.

영국이 패권국가로 올라선 배경에는 면직물공업을 중심으로 한

산업혁명이 있었다. 영국은 식민지 경영도 원료공급과 상품 판매 기지로 식민지를 적극 활용하는 방식을 선택했다. 물론 영국 또한 식민지에서 심각한 약탈을 자행했지만, 중심은 자본주의적 생산을 위한 식민지 활용에 있었다. 영국은 착취를 중심으로 수탈을 결합시킴으로써, 이른바 '해가 지지 않는 대영제국'을 건설하며 초창기 자본주의를 지배했다. 1800년대 초반 스페인과 포르투갈이 지배하던 라틴 아메리카 대륙 전반이 독립한 대신, 인도에 대한 영국의 지배가 확립되면서, 세계적인 식민지배의 주도권은 확연히 영국으로 넘어갔다.

산업혁명은 상업 자본주의 시대에 식민지와 노예노동에 대한 약탈을 중심으로 형성된 광범한 상품시장을, 기계제 대공업에 입각한 사회적 생산을 중심으로 재편해 냈다. 마침내 자본가계급과 노동자계급이 본격적으로 형성돼 나갔다. 경제를 주도하게 된 자본가계급은 국가를 자본가계급의 도구로 재편해 내기 위해 부르주아혁명에 나섰다.

1789년 프랑스대혁명은 부르주아혁명의 정점이었다. 노동자계급은 자유·평등·형제애라는 이상에 이끌려 부르주아혁명에 적극 동참했다. 그런데 혁명을 주도한 자본가계급의 실제 목표는 봉건 지배계급으로부터 정치권력을 탈취하여 자신들의 지배를 확립하는 데 있었다. 진정으로 자유·평등·형제애를 갈망한 노동자계급은 점점 독립적인 세력으로 성장했고, 그에 두려움을 느낀 자본가계급은 점점 후퇴했다. 마침내 1848년 혁명은 자본가계급이 노동자계급에게 맞서기 위해 봉건 지배계급과 함께 반혁명의 편에 섰음을 보여 주었다.

이제 부르주아혁명을 대신해서 자본주의 산업화와 자본가국가 수립의 문제를 해결하는 새로운 모델이 나타났다. 봉건 지배계급에 기초한 국가 관료집단이 급격한 자본주의 산업화를 주도하면서 스스로 자본가계급으로 변신해 나가는 모델이다. 프로이센에서 대지주를 기반으로 한 국가 관료집단은 1850년대 이후 자본주의 산업화와 1871년 독일 통일을 주도하면서 이러한 경로를 전형적으로 보여 주었다. 1868년 일본의 메이지유신을 주도한 봉건 무사계급 출신의 국가 관료집단 또한 이러한 독일식 자본주의 산업화를 자신의 모델로 삼았다.

부르주아혁명의 성과로부터 소외당한 노동자계급은 처음에는 부르주아혁명의 이상을 현실화하는 데서 답을 찾고자 했다. 그 실천적 결론은 보통선거권이었다. 1830년대 보통선거권을 요구하는 영국의 차티스트 운동은 세계 최초의 노동자계급 정치투쟁이었다. 그런데 1848년 프랑스 2월 혁명에서 마침내 보통선거권이 실현됐을 때, 그 실체를 놓고 모두가 깜짝 놀랐다. 사회의 압도적 다수인 노동자·민중의 지배를 당연히 보장하리라 믿었던 보통선거권은, 실제로는 가장 보수적인 왕당파의 승리를 낳았고, 그렇게 등장한 정부는 노동자봉기를 유발하고 잔인하게 진압했다.

이러한 패배 위에서 노동자계급의 과학적 사상으로서 마르크스주의가 정립되었고, 노동자혁명을 통한 공산주의 사회 건설이라는 대안적 전망이 수립됐다. 다양한 조류가 경쟁했던 1864~1876년 제1인터내셔널은 마르크스주의의 타당성을 국제적인 차원에서 실천적으로 검증하는 과정이었다. 제1인터내셔널은 모든 자본가 세력으로부터 독립한 노동자계급의 독자적인 정당을 건설해야 한다는 원칙을 정립했으며, 노동조합으로 하여금 모든 노동자들의 해방을 향해 전진하게 해야 한다는 과제를 제시했다.

1871년 파리코뮌은 노동자국가를 건설함으로써 자본주의를 철폐하는 근본적인 사회경제 변혁에 나설 수 있다는 가능성을 보여 주었다. 특히 파리코뮌은 노동자국가가 실현해야 할 노동자 민주주의의 요소들을 구체적으로 드러냈다. (전면적인 자기조직화를 실현해 낸 노동자대중은 통제받지 않는 관료기구들을 철폐하고 대신 집행기관들을 총괄함으로써 직접 모든 권력을 행사해야 한다! 대표자들에게 평균임금을 지급하는 등 어떤 특권도 부여하지 않음으로써 관료화의 가능성을 원천 차단해야 한다! 모든 대표자들을 직접 선출할 뿐 아니라 언제든 소환될 수 있게 함으로써 대표자들이 언제나 대중의 의지를 표현하게 해야 한다!)

이 시대는 자본주의의 여명기였지만, 이미 노동자계급은 자본주의를 철폐하는 노동자혁명과 공산주의 사회 건설을 위해 투쟁하기 시작했다. 자본주의의 참혹한 현실이 노동자계급으로 하여금 착취와 억압의 사슬을 끊어낼 길을 갈구하게 만들었기 때문이다. 또한 스스로 해방됨으로써 전체 인류를 해방하고자 했던 수많은 노동자투사들이 있었기 때문이다.

2) 독점과 제국주의 전면화의 시대(1871~1914년)

1870년대를 넘어서면서, 집적과 집중의 결과로 등장한 독점자본이 특정 산업을 지배하게 되고, 나아가 이러한 독점자본이 은행자본과 융합돼 금융독점체를 형성하면서 경제와 정치를 지배하게 되는 독점자본주의 시대가 열렸다. 독점자본의 등장은 석유·철강·전기 등을 중심으로 시작된 2차 산업혁명과 밀접히 연결돼 있었으며, 후발주자인 독일과 미국이 영국을 급격히 따라잡는 통로가 되었다.

독점자본주의 성립은 국가의 역할에 상당한 변화를 가져왔다. 거대한 독점체들은 큰 영향력을 갖고 국가기구를 직접 좌지우지했다. 국가는 이윤율 저하 경향을 상쇄하기 위한 정책들을 본격적으로 펼치기 시작했는데, 이 시대를 대표하는 정책은 '식민지로의 자본 수출'이었다.

'식민지로의 자본 수출'은 이윤율 저하 경향을 상쇄하는 데 획기적인 해법이었다. 국내에 투자해서는 만족할 만한 이윤을 거둘 수 없는 '잉여자본'을 식민지에 투자하게 되면, 훨씬 더 높은 이윤을 거둘 수 있었다. 일반적으로 산업의 발전단계가 낮은 식민지에서는 자본의 유기적 구성이 훨씬 낮았고, 노동력의 가격이 훨씬 저렴했기 때문이다. 제국주의적 억압을 통해 다양한 수탈을 결합시킬 수 있다는 장점도 있었다.

따라서 기존에 주로 원료공급지와 상품 판매 시장으로 활용됐던 식민지는 이제 주로 자본수출 대상지로 활용돼 나갔다. 1890년에서

1913년 사이 새로 부설된 철도 가운데 유럽이 27.7%, 미국이 28.3%를 차지한 반면, 식민지·반식민지 나라들이 절반 가까운 44.0%를 차지했다.

제국주의 열강들은 이전보다 훨씬 맹렬한 속도로 식민지 확보 경쟁에 뛰어들었다. 영국·프랑스·독일·일본·미국·러시아 6대 강국이 확보한 식민지의 인구는 1876년 2억 7,380만 명에서 1914년 5억 2,340만 명으로 늘었다. 1914년 무렵에는 제국주의 열강들이 사실상 나머지 세계 전체를 자신의 지배 아래로 복속시켰다. (나머지 세계에서 식민지가 되지 않은 지역은 사실상 라틴 아메리카 대륙과 중국 정도였는데, 라틴 아메리카는 미국의 뒷마당이나 다름없었고, 중국은 여러 제국주의 열강들에게 주권을 절반쯤 빼앗긴 상태였다.)

이처럼 엄청난 속도와 규모로 식민지를 침략하고 병합한 뒤 식민지에 대한 초과착취와 약탈을 자행하는 동안, 제국주의 열강들끼리는 상대적으로 '평화와 안정'을 구가할 수 있었다. 수백 년 동안 숱한 전쟁들이 꼬리를 물고 이어졌던 유럽 대륙에서 40여 년 동안 사실상 전쟁이 사라졌다.

하지만 제국주의 열강들의 식민지에 대한 필사적 동기는 필연적으로 식민지 재분할을 둘러싼 대결을 불러일으켰다.

"금융자본은 식민지 정책의 수많은 기존의 동기에 덧붙여 원료자원, 자본수출, 세력권, 유리한 거래, 이권, 독점이윤 등을 위한, 나아가 경제영역 전반을 위한 투쟁을 만들어 냈다. (1876년의 경우처럼) 유럽 열강이 아프리카 대륙의 10분의 1만을 식민지로 점유하고 있던 때의 식민지 정책은 '먼저 움켜쥔 자가 차지한다'는 식의 비독점적인 방법으로 발전할 수 있었다. 그렇지만 (1900년까지) 아프리카의 10분의 9가 장악되고, 전 세계가 분할되었을 때에는 불가피하게 식민지에 대한 독점적 소유의 시대, 따라서 세계의 분할과 재분할을 위한 특히 첨예화된 투쟁의 시대가 도래했다."

(레닌, 《제국주의론》, 제10장 제국주의의 역사적 위치, 1916.)

이 시기 2차 산업혁명과 함께 사회적 생산력이 급격히 발전했지만, 제국주의 열강들 안에서도 노동자계급의 다수는 여전히 굶주림을 면하지 못했다. 한 줌 독점자본에게 사회적 부가 집중되면서 빈부 격차는 과거보다 더 극심하게 벌어졌다. 그런데 다른 한편에서 제국주의가 식민지에서 거둬들인 초과이윤을 비롯한 독점적 초과이윤이 일부 노동자들에게도 스며들었다. 영국에서부터 시작됐던 노동자계급 내부의 분화가 미국을 비롯한 나머지 제국주의 국가들로 확산됐고, 계급투쟁의 향방을 가르는 중대한 문제로 대두됐다. 숙련·남성·백인만을 위한 관료적 노동조합주의 대 미숙련·여성·흑인을 포괄하는 계급투쟁 노동조합주의 간의 대결이 본격적으로 시작됐다.

독일을 비롯한 유럽의 대다수 나라들에서 마르크스주의 노동자 정당이 건설됐고, 그 결집체로서 1889년 제2인터내셔널이 건설됐다.

그 무렵 유럽의 정치상황은 중요한 변화를 맞이했다. 주기적으로 펼쳐지던 봉기와 바리케이드 전투가 사라지고 선거와 의회의 시대가 찾아왔다. 부르주아혁명이 일단락되고, 주기적으로 사회를 뒤흔들던 전면적 공황이 만성적인 장기불황으로 대체됐으며, 지배계급이 보통선거권을 허용하면서, 선거와 의회를 중심으로 한 부르주아 민주주의 체제가 본격화한 것이다. 제2인터내셔널 정당들은 사회주의와 민주주의를 결합한 강령을 내걸고 부르주아 선거에 성공적으로 대응하며 노동자대중 속에서 꾸준히 조직력을 확대해 나갔다.

그런데 독일 사회민주당을 중심으로 한 제2인터내셔널 앞에는 2개의 함정이 있었다. 첫째, '자본주의 개혁' 자체를 목표로 삼는 노골적인 개량주의였다. 베른슈타인은 '이제 자본주의가 공황을 극복했고 중간계급이 성장하고 있으며 부르주아 민주주의가 확대되고 있는 만큼, 의회주의를 통한 점진적 개혁에 집중해야 한다'고 주장했다. 그러나 제2인터내셔널 대다수는 '사회주의 건설은 혁명적 단절 없이 가능하지 않다'는 믿음을 견지하면서 노골적인 개량주의를 거부했다.

둘째, 당이 선거와 의회를 중심으로 계속 성장하다 보면 언젠가 사회주의를 향한 혁명적 단절을 실현할 수 있으리라는 은폐된 개량주의였다. 그러나 훗날의 역사가 보여 주었듯이, 권력을 둘러싼 계급 간의 격돌이 다시금 봉기와 혁명의 시대를 불러올 때 그 직접적인 물리적 대결에서 승리할 수 있기 위해서는, 그에 필요한 정치투쟁 역량이 노동자 대중운동의 성장 과정 속에서 구축돼 나가야 했다. 1905년 러시아혁명에서 영감을 얻은 로자 룩셈부르크는 독일 사회민주당이 정치파업과 경제파업을 결합시킨 대중파업을 이끌면서 노동자대중의 직접적인 정치투쟁 능력을 발전시켜 나가야 한다고 역설했지만, 다수파는 이를 철저히 무시했다.

독일 사회민주당을 비롯한 제2인터내셔널의 대다수 당들이 은폐된 개량주의에 철저히 함몰된 반면, 변방으로 취급되던 러시아의 볼셰비키는 혁명과 반동의 시기를 가로지르고 합법과 비합법의 투쟁형태들을 결합시키며 거듭된 도전을 펼친 끝에 1912~1914년 노동자대중의 직접적인 정치투쟁을 성공적으로 이끌어 내고 있었다. 볼셰비키는 페테르부르크를 중심으로 수많은 정치파업을 앞장서 조직하면서 광범한 혁명적 노동자들을 창출해 냈다.

제2인터내셔널 안에서 발생한 이 차이는 1914년 제1차 세계대전이 발발했을 때, 제2인터내셔널 대다수가 무기력하게 제국주의 전쟁에 끌려들어가며 비참하게 파산한 것과 달리, 볼셰비키만은 '제국주의 전쟁을 내전으로'라는 결의를 행동으로 연결시키면서 1917년의 혁명을 향해 뻗어나갈 수 있게 했다.

3) 세계전쟁과 대공황과 노동자혁명의 시대(1914~1945년)

제국주의 열강들의 식민지 재분할 쟁탈전은 몇 차례 국지전과 첨예한 전쟁 위기를 거친 끝에 마침내 1914년 제국주의 세계전쟁을 불러일으켰다. 1918년까지 계속된 제1차 세계대전은 세계적으로 1,000

만 명을 희생시켰다.

세계대전이 끝나고 불과 11년 만에, 누적된 경제적 모순들 위에 금융투기의 파괴적 결과가 덧붙여지면서 1929년 세계대공황이 시작됐다. 대공황은 세계 최고의 공업국이던 미국과 독일을 중심으로 전 세계를 휩쓸었다. 1929년부터 1932년까지 산업생산이 미국 46%, 독일 41%, 세계 38% 후퇴했다. 무역은 보호주의 때문에 더 극심한 결과를 맞아서 미국 70%, 독일 61%, 세계 66%가 후퇴했다. 실업률도 엄청나게 치솟아서 최대 실업률이 미국 25%, 독일 35%, 영국 22%를 기록했다.

1933년부터 미국을 중심으로 유효수요 확장 정책이 펼쳐지면서 대공황이 어느 정도 수습돼 나갔다. 대공황은 과잉생산과 과잉축적 때문에 생산과 소비의 간극이 심각하게 벌어진 상황을 뜻했는데, 정부가 재정확장을 통해 유효수요를 증대시킴으로써 간극을 줄였기 때문이다. 그러나 1937년 다시 급격한 침체가 더욱 가파른 양상으로 전개됐다. 소비가 활성화되자 유효수요 확장분 이상으로 생산이 확장되면서 생산과 소비의 간극이 더 벌어져 버렸기 때문이다.

결국 막대한 생산과잉을 해소할 수 있는 어마어마한 인위적 소비와 거대한 생산능력 파괴만이 대공황을 해결할 수 있었다. 답은 군비경제고, 대규모 전쟁이었다. 특히 대공황으로 심각한 타격을 받았던 일본이 1931년 만주사변과 1937년 중일전쟁을 잇달아 벌이면서 경제를 활성화하는 데 성공한 것은 전쟁이 어떻게 대공황을 타개하는 데 효과적일 수 있는지를 보여 주는 본보기였다.

대공황에 대응하고자 제국주의 열강들이 매달린 보호주의는 대공황을 더욱 심화시켰을 뿐만 아니라 열강들 간의 긴장과 대결을 격화시키고 있었다. 대공황이 불러온 계급투쟁 고양에 대한 반동적 대응으로 등장한 파시즘이 세계 제패를 꿈꾸며 전쟁의 불을 당겼다. 대규모 전쟁을 통해 대공황으로부터 탈출하려는 제국주의 열강들의 열망은 마침내 두 번째 제국주의 세계전쟁을 전면화했다. 결국 1939~1945년 제2차 세계대전을 통해 세계적으로 5,000만 명을 희생시키는 참혹한 대량학살과 대량파괴를 거치고서야 자본주의는 비로소 대공황으로부터 벗어날 수 있었다.

1914~1945년 두 차례의 세계대전과 대공황으로 점철됐던 이 30여 년은 인류 역사에서 가장 끔찍했던 시기이자, 자본주의 체제 자체가 그야말로 사활적 위기에 빠졌던 시기였다. 자본주의는 생존의 가장 기본적인 조건들조차 파괴하면서 노동자계급과 인류를 되풀이하여 절멸의 위기로 몰아넣었다. 일찍이 로자 룩셈부르크가 역설한 대로 노동자계급 앞에는 오직 "사회주의냐 야만이냐" 하는 두 갈래 길만이 놓여 있었다.

이 시대에 세계전쟁과 대공황의 야만을 끝장내기 위해 세계의 수많은 노동자투사들이 새로운 세상을 꿈꾸며 혁명적 투쟁에 나섰다. 빛나는 승리들도 있었다. 그러나 결과적으로는 성공하지 못했다.

제1차 세계대전이 터지자 제2인터내셔널의 대다수 지도자들이 각기 자기 나라 자본가들의 하수인으로 전락했던 것과 달리, 러시아 노동자계급은 전쟁을 강요하는 지배계급에 불굴의 투지로 맞선 결과 끝내 노동자혁명을 성공시켰다. 1917년 러시아 노동자혁명은 광범한 노동자대중의 혁명적 각성과 자신의 운명을 스스로 결정하려는 결연한 행동들이 볼셰비키라는 뛰어난 혁명적 지도력과 결합한 결과였다.

혁명을 성공시킨 소비에트 노동자 권력은 은행과 기업을 국유화하고 계획경제를 수립했다. 장군들이 이끌던 차르와 자본가의 군대는 병사소비에트가 이끄는 인민의 군대로 재편됐다. 농민들은 농민소비에트를 중심으로 지주의 토지를 몰수하고 재분배했다. 러시아제국 내 소수민족들은 민족자결권에 입각해 각자의 소비에트 권력을 건설하고 자유 의지에 따라 소비에트연방 참여를 결정했다.

러시아 노동자혁명은 △여성에게 투표권과 노동권 부여 △남녀 동일임금 보장 △유급출산휴가제 도입 △임신중지 합법화 △가사노동 사회화 △자유롭고 평등한 결혼제도 도입 △동성애 합법화 등을 통해 여성과 소수자의 삶에도 획기적인 변화를 가져왔다.

가장 약한 고리를 끊어낸 러시아 노동자혁명은 세계 자본주의 사슬 전체를 뒤흔들었다. 러시아 노동자혁명은 전 세계 노동자들과 식민지 대중들에게 스스로 당당하게 일어선다면 반동적인 자본주의 체제를 끝장내고 착취와 억압에서 해방될 수 있다는 강렬한 메시지를 전파했다.

러시아혁명의 승리를 이어가고자 하는 노동자계급의 혁명적·역동적 투쟁들이 이 시대 내내 수많은 나라에서 꼬리를 물고 이어졌다. 1918~1923년 독일, 1919~1920년 이탈리아, 1926년 영국, 1926~1927년 중국, 1931~1937년 스페인, 1934~1936년 프랑스, 1934~1937년 미국 등에서 펼쳐진 노동자 투쟁들은 그 가운데서도 가장 대표적인 사례들이다.

여러 나라에서 노동자대중의 혁명적 도전이 거듭해서 펼쳐졌지만 또 다른 노동자혁명의 성공으로 이어지지 못한 것은 무엇보다 노동자계급 지도력의 문제였다. 파산한 제2인터내셔널에 뿌리를 둔 거대한 개량주의 정당들과 노동조합 관료들은 계속해서 노골적으로 자본가계급의 하수인 노릇을 하며 노동자대중의 혁명적 전진을 가로막았다. 또 하나의 큰 문제는 러시아혁명의 성공을 토대로 조직된 코민테른마저 스탈린주의로 넘어가면서 수많은 좌충우돌 끝에 반혁명적 개량주의로 귀결됐다는 점이다.

세계혁명이 정체되면서 러시아 혁명이 일국에 고립되자 그 약점과 한계가 극대화한 러시아 노동자국가는 스탈린주의 관료들이 노동자 민주주의를 억압하는 '퇴보한 노동자국가'가 되었다. 러시아혁명의 성과를 체계적으로 파괴해 나가던 스탈린주의 관료집단은 1930년대 중후반 남아 있던 볼셰비키 중핵대오를 전멸시킴으로써 노동자계급에게서 권력을 찬탈하는 반혁명을 완성했다. 소련은 스탈린주의 관료집단이 국가를 앞세워 자본주의 산업화를 진행하면서 스스로 착취와 억압의 주체로 기능하는 것과 함께 장차 통상적인 자본가계급으로 변신할 기회를 도모하는 '관료적 국가자본주의' 체제가 되었다.

혁명적 노동자당들 내부에서 정치적 미숙함으로부터 비롯되는 약점들도 적지 않았다. 그러나 이 시대 혁명적 노동자당들의 경험은 성공 못지않게 실패를 통해서도 미래의 혁명적 지도력을 건설하는 과정에서 필수적으로 활용돼야 할 중요한 교훈들을 남겼다. (파시즘에 맞서면서 노동자계급의 혁명적 역량을 강화해 나가기 위해서는, 한편으로 광범한 노동자들의 위력적인 대중투쟁을 발전시켜 나가고 다른 한편으로 그를 통해 노동자대중이 개량주의 세력의 영향력을 뛰어넘을 수 있도록 노동자 공동전선을 적극 활용해야 한다! 노동자계급은 노동자 헤게모니를 구축하여 광범한 피억압 민중들을 동맹 세력으로 끌어들이되, 자본가 세력 일부와 연합함으로써 노동자계급의 발을 묶는 인민전선의 방식이 아니라, 노동자대중의 혁명적 역동성을 극대화하여 아래로부터 피억압 대중을 견인하는 방식으로 전개해야 한다! 혁명적 노동자당은 노동자대중이 당면한 고통을 해결하기 위한 절실한 투쟁 속에서 사회주의 혁명의 필요성을 깨달아 갈 수 있도록 대중의 현 의식과 사회주의를 연결하는 이행 요구들을 적극 활용해야 한다!)

"자본주의 체제 전체의 위기 속에서 다양한 요인들이 결합하여 온갖 위기들을 발생시키고 있다. (…) 자본가계급의 경제, 국가, 정치, 국제관계는 사회 위기에 의해 완전히 엉망이 되어 있다. (…) 모든 나라에서 노동자계급은 깊은 불만에 차 있다. 수많은 대중이 다시 또다시 혁명의 길로 나서고 있지만, 매번 자기 조직의 보수적 관료기구에 의해서 가로막히고 있다. (…) 전 세계 특히 스페인, 프랑스, 미국, 그리고 여러 민주주의 국가들에서 코민테른은 냉소를 머금으며 반혁명을 수행하였다. (…) 인민전선은 러시아 10월 혁명의 깃발을 흔드는 척하면서 자본가계급과 화해하고 있다. 결국 노동자계급의 투쟁은 거세되고 파시즘이 등장하였다. 제국주의 세력은 한편으로는 인민전선을 또 한편으로는 파시즘을 이용하여 노동자혁명을 침몰시키기 위해 안간힘을 쓰고 있다. (…) 사회주의 혁명을 이룩할 수 있는 객관적 조건은 무르익었으나 혁명의 주체적 조건인 노동자계급과 그 전위당은 조직적으로 성숙하지 못했다. 노동자계급의 구세대는 혼란과 좌절에 빠져 있으며 신세대는 경험이 부족하다."

(트로츠키, <죽음으로 치닫는 자본주의와 제4인터내셔널의 임무>, 1938.)

결국 노동자계급의 역사적 패배를 딛고 자본가계급이 제2차 세계대전의 대량살상과 대량파괴를 통해 자본주의에 새로운 원기를 불어넣으면서 자본주의 체제의 사활적 위기가 해소되었다.

4) 전후호황과 개량주의의 시대(1945~1980년)

제2차 세계대전은 실물적 대량파괴를 통해 자본의 유기적 구성을 낮추고 군수물자의 대량소비를 통해 생산과 소비의 간극을 해소함으로써 자본의 이윤율을 획기적으로 끌어올렸다. 한동안 왕성하게 확대재생산 운동을 펼칠 수 있는 여력을 확보하면서, 자본주의는 1940

년대 후반부터 25년가량 안정된 성장을 거듭하는 이른바 전후호황의 황금기를 누렸다.

이 시대에 이윤율 저하를 상쇄하기 위한 국가의 핵심 정책은 '유효수요 확장'이었다. 제2차 세계대전 이후 과거의 식민지 국가들이 대거 정치적 독립을 실현함으로써, 식민지에 대한 수탈은 (종속에 따른 수탈로 축소되면서) 이윤율 저하를 상쇄하는 핵심 수단으로서의 지위를 잃었다. 대신 미국을 비롯한 제국주의 국가들은 재정확장 정책을 중심으로 유효수요를 확장함으로써 생산과 소비의 간극을 좁히려 했다. 유효수요 확장은 크게 (임금 인상 허용과 복지제도 도입을 활용한) 노동자의 구매력 향상과 (냉전의 대립구도를 활용한) 대규모 군비경제 지속을 통해 이루어졌다. 케인스주의라는 이름으로 불린 '유효수요 확장' 정책은 대공황을 극복했다는 허명과 함께 전후호황을 이끈 주역으로 평가받았다.

그러나 1970년대에 이르러 심각한 경제 위기가 닥쳤다. 무엇보다 전후호황 동안 이루어진 자본의 왕성한 확대재생산 자체가 '자본의 유기적 구성 고도화'에 따른 '이윤율 저하 경향'이 다시 본격적으로 작동하도록 만들었기 때문이다. 여기에 '유효수요 확장' 정책 자체의 모순이 빚어낸 결과가 (심각한 불황과 물가상승이 결합된) 스태그플레이션이라는 형태로 덧붙여졌다.

'유효수요 확장' 정책은 생산과 소비의 간극을 줄이는 데 목표가 있었지만, 시간이 지나면서 생산과잉이 오히려 매우 심화되는 결과를 낳았다. 유효수요 확장을 통해 소비를 늘릴 때마다 자본가들은 생산을 더욱 높이 끌어올렸다. 결국 생산과 소비의 간극은 정부 재정으로 도저히 감당할 수 없는 정도까지 벌어졌다. 자본가계급의 소유권을 신성시하는 자본주의 국가는 자본의 무제한적인 확장 욕구를 전혀 통제할 수 없었다. 생산과잉의 심화는 극심한 불황으로 연결됐다.

여기에 재정확장 재원을 충당하는 방법의 문제가 있었다. 유효수요 확장 정책의 초기에 국가는 자본가들에게 높은 세금을 부과함으로써 재정확장 재원을 조달했다. 이때는 인플레이션 문제가 없었다. 그러나 시간이 흐르면서 화폐발행량 확대가 주요 재원 조달방안으로 대체됐다. 특히 미국은 1960년대 중반 이후 베트남전쟁을 치르면서 막대한 양의 달러를 발행했다. 이것은 세계 기축통화이던 달러의 가치를 급격히 하락시켰고, 그 부담을 완화하기 위해 시행한 금태환 폐지는 달러의 가치 하락을 전 세계 화폐의 가치 하락으로 확산시켰다. 그런 상황에서 오일쇼크까지 겹치자 높은 인플레이션이 세계를 뒤덮었다.

그렇게 해서 1970년대에 초유의 스태그플레이션이 세계를 휩쓸었지만, '유효수요 확장' 정책은 어떤 해결책도 제시할 수 없었고 따라서 핵심 수단으로서의 지위를 급격히 상실했다.

이른바 전후호황의 '황금기' 동안 제국주의 강대국들을 중심으로 노동자들에게도 얼마간 개량의 떡고물이 주어졌고, 이는 '복지국가 자본주의'에 대한 환상을 널리 확산시켰다. 개량주의 정당들과 노동조합 관료들은 자본가들에게 적극 협력하며 지속적인 이윤 확보를 뒷받침했다.

그러나 개량과 환상의 시기는 오래가지 못했다. 전후호황 시기 자본의 지속적인 확대재생산은 노동자계급의 규모를 빠르게 확대시켰다. 특히 청년 노동자들은 1960년대 후반부터 세계 곳곳에서 개량주의 정당들과 노동조합 관료들의 통제를 뚫고 아래로부터 거침없이 활력을 뿜어내며 자본의 권력에 도전하기 시작했다. 억압과 차별에 맞선 학생들의 투쟁도 함께 어우러졌다. 게다가 1970년대에 경제 위기가 전개되면서 그 부담을 전가하려는 자본가들의 공세까지 펼쳐지자 노동자들의 투쟁은 더욱 거세게 불타올랐다.

1960년대 후반부터 1980년대 초반까지 프랑스, 이탈리아, 영국, 포르투갈, 스페인, 미국, 칠레, 아르헨티나, 브라질, 이란, 중국, 체코, 폴란드 등 세계 곳곳에서 자본가들과 노동자들 사이에서 치열한 대결이 펼쳐졌다. 특히 1968년 프랑스에서는 1천만 노동자들이 무기한 총파업으로 2주 동안 나라를 멈춰 세웠으며, 1972~1973년 칠레에서는 코르돈, 1979년 이란에서는 쇼라, 1980~1981년 폴란드에서는 연대파업위원회 등으로 노동자평의회가 등장했다.

그런데 이처럼 세계 곳곳에서 거세게 타오른 노동자 투쟁들은 엄청난 파괴력을 가졌지만 혁명을 향해 도약하지 못한 채 주저앉고 말았다. 노동자 투쟁의 거대한 규모와 폭발력에 비해 노동자계급의 혁명적 지도력이 너무 취약한 탓이었다. (세계적인 수준에서 보자면) 혁명적 세력은 제2차 세계대전과 전후호황기를 거치며 매우 약화되었다가 이 시기에 펼쳐진 거대한 노동자 투쟁에 힘입어 비로소 부활의 기지개를 펴는 상태였다.

혁명적 지도력을 갖추지 못한 노동자 투쟁들은 두텁게 포진한 개량주의 정당들과 노동조합 관료들에게 철저히 가로막혔다. 특히 스탈린주의 공산당들은 제2차 세계대전을 전후로 인민전선을 통해 자본가 세력과 협력한 뒤, (기존 사회민주주의 정당들이 국민정당 노선을 추구하며 떠나간 빈자리를 대신해) 노동자들에 기반을 둔 대표적인 개량주의 정당으로 다시 말해, 가장 결정적인 걸림돌로 기능했다. 프랑스 공산당은 1968년 5월의 거대한 총파업을 부르주아 선거를 앞세워 잠재움으로써 허망한 패배로 이끌었다. 이탈리아 공산당은 1970년대 후반 자본가세력과 '역사적 타협'에 나서며 10년을 이어 가던 노동자 투쟁의 '뜨거운 가을'을 종결시켰다. 한편 자본주의 위기 국면에서 집권의 기회를 맞은 사회민주주의 정당들은 '개량 없는 개량주의'의 실체를 여실히 보여 주었다. 이를테면, 영국 노동당은 노동당 정부야말로 자본주의 위기를 노동자들에게 전가하고 그에 맞선 노동자 투쟁을 가로막는 데서 가장 효율적인 도구임을 거듭 입증해 보였다.

노동자 투쟁이 개량주의 정당들과 노동조합 관료들에게 가로막혀 허우적거리자, 자본가계급은 노동자 투쟁을 완전히 잠재우기 위해 결정타를 날렸다. 1973년 칠레를 비롯해 수많은 나라에서 미국 CIA 후원 아래 쿠데타가 꼬리를 물고 이어졌다. 군사정권들은 노동자 투쟁을 철저히 진압했고 수많은 노동자투사들을 고문하고 학살했다. 세계 곳곳에서 10여 년의 대격돌을 펼친 끝에 자본가계급은 노동자계급의 반란을 제압하는 데 성공했다.

이 시대에 스탈린주의 체제는 냉전 구도 아래서 독자적인 세계를 구성했다. 제2차 세계대전 직후에 동유럽 8개국과 북한에서는 소련군의 진주를 토대로, 이후 중국·베트남·쿠바에서는 농민이 주도한 자체 혁명을 통해 스탈린주의 체제가 수립됐다. 스탈린주의 체제의 확산과 독자적인 세계질서 구축은 '사회주의' 체제가 승승장구하는 것처럼 비쳐졌다.

그러나 어떤 노동자혁명도 없이 이들 나라에 수립된 스탈린주의 체제는 이미 반혁명이 완성된 소련에서와 마찬가지로 '관료적 국가자본주의'일 뿐이었다. 노동자 민주주의가 완전히 결여된, 그리고 노동자 자주관리와 결합하지 못한 '국유화와 계획경제'는 국가권력을 장악한 관료집단이 착취와 억압의 주역으로서 자본가계급의 역할을 수행하는 '관료적 명령경제'로 현실화했다.

실제로 스탈린주의 체제들은 이 시대에 이미 심각한 모순들을 드러내고 있었다. 소련은 1920~1930년대의 급격한 성장과 달리 관료적 명령경제의 비효율성이 점차 고조되면서 1960년대 이후 구조적인 침체로 완연히 빠져들었다. 원자화됨으로써 무기력해진 노동자들은 깊은 냉소와 수동성에 빠졌고, 관료집단 스스로도 관료적 명령경제의 지속가능성에 대한 자신감을 잃어 갔다.

중국에서는 관료적 명령경제에 내재된 관료적 실적주의가 1950년대 말 대규모 아사자를 발생시킨 가운데 관료적 명령경제를 고수하려는 관료집단과 시장경제로 전환하여 통상적인 자본가계급으로 변신하려는 관료집단 간의 충돌이 펼쳐지다가, 1966~1973년의 이른바 문화대혁명을 통해 관료적 명령경제의 극단적 폐해가 확인된 후 관료집단 전반의 방향이 시장경제 전환으로 정리됐다.

한편 소련이 1956년 미국과의 평화공존을 선언하고 나서자 중국은 이를 수정주의로 비판했고 그렇게 악화된 양국관계는 결국 1969년 군사적 충돌로까지 치달았다. 그런데 정작 중국은 1971년 미국과 전격 정상회담을 갖고 소련을 고립시키는 데 협력하는 대가로 미국에게서 시장경제 전환을 지원받기로 하는 역사적 거래에 나섰다.

결국 다음 시대에 우리가 보았던 소련의 붕괴와 중국의 시장경제 전환은 이 시대에 스탈린주의 체제들에서 펼쳐진 사태들의 필연적 결과였다.

3장

신자유주의 · 세계화 · 금융화의 시대가 끝나다

1970년대 경제 위기를 거치면서 자본주의 체제 전반의 이윤율이 매우 심각하게 하락해서 바닥까지 떨어졌다. 1970년대 노동자계급의 세계적 반란을 잠재운 자본가계급은 1980년대 이후 이윤율 저하를 상쇄할 뿐만 아니라 심지어 다시 끌어올리기 위해 특단의 대책을 매우 공격적으로 추진했다. 신자유주의·세계화·금융화라는 한 묶음의 대책이 지난 40여 년의 세계를 지배했다.

1) 1980년대 이후 세계를 휩쓴 신자유주의·세계화·금융화

이윤율 저하 경향을 상쇄하기 위해, 나아가 바닥까지 내려간 이윤율을 다시 끌어올리기 위해 자본주의 국가가 가장 먼저 추진한 정책은 신자유주의였다. 정리해고, 임금삭감, 비정규직화, 복지축소, 노조무력화, 자본가감세, 규제완화, 기간산업사유화 등의 세부 정책을 포괄하는 신자유주의는 간단히 말해서 노동자에 대한 착취를 최대한 강화하고 자본가에게 온갖 특혜를 줌으로써 자본의 이윤율을 인위적으로 끌어올리는 데 그 목표가 있었다.

1970년대 중후반 칠레 군사정권의 실험을 거쳐, 1980년대 영국과 미국의 보수주의 정권에 의해 본격화한 신자유주의는 1990년대를 거치며 전 세계로 확산되었다. 이 과정은 특히 각국의 사회민주주의 정권들이 대거 신자유주의 정책의 집행자가 되는 과정을 수반했는데, 이들은 흔히 노·사·정 협상에 입각해 신자유주의를 '민주적으로' 추진하는 방식을 활용했다.

노동자들의 생활 수준을 강제로 하락시키면서 자본의 이윤율을 인위적으로 끌어올리는 신자유주의 정책의 결과는 특히 미국에서 두드러지게 나타났다. 1978~2007년 미국 제조업의 시간당 산출량은 연평균 3.26% 상승했지만, 노동자들의 시간당 실질임금은 연평균 0.37% 하락했다. 2007년 미국 노동자들의 실질임금은 1974년 실질임금의 85%에 불과했다. 1972년부터 2018년까지 미국에서 시간당 노동생산성이 160.70%p 상승하는 동안, 시간당 실질임금은 24.28%p만 상승했다.

　　그러므로 신자유주의는 이윤율 회복에 상당한 효과가 있었지만, 이내 한계에 봉착했다. 신자유주의 자체에 내장된 모순 때문이었다.

미국의 실질임금과 노동생산성 비교(1948~2018년)

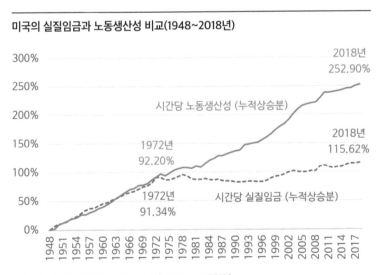

출처: http://www.epi.org/publication/swa-wages-2019/

신자유주의 정책에 힘입어 개별 기업이 이윤율을 회복할수록 노동자는 더 가난해졌고 따라서 사회 전체에서 생산과 소비의 간극은 더 벌어졌다. 점점 더 심각해지는 생산과잉은 구조적인 판매부진을 낳았고, 이는 이윤율 회복에 중대한 장애를 조성했다.

신자유주의가 지닌 결정적 한계를 보완하기 위해 추가적인 대책이 필요했다. 그래서 세계화와 금융화가 덧붙여졌다.

'생산의 세계화'와 '시장의 세계화'가 결합된 세계화는 1980년대 중반부터 가속되다가 1995년 세계무역기구(WTO) 출범과 함께 전면화했다. 세계 총GDP 대비 해외직접투자(FDI)는 1985년 0.4%에서 2007년 5.3%로 늘어났다. 세계 총GDP 대비 수출은 1986년 16.9%에서 2008년 31.2%로 늘어났다. 특히 1980년대 중국의 시장경제 전환, 1989~1991년 동유럽과 소련의 붕괴는 스탈린주의 진영을 소멸시키면서 세계를 단일 공급망과 단일 시장으로 통합시키는 데 크게 기여했다.

생산의 거점 전체 또는 일부를, 값싸고 고분고분한 노동자를 찾아 국경을 넘어 세계 곳곳으로 이동시킨 '생산의 세계화'는 자본의 이윤율 제고에 크게 기여했다. 저개발 국가를 향한 공장이동은 추가되는 물류비용을 충분히 상쇄하고 남을 정도로 임금비용을 획기적으로 하락시켰다. 공장이동에 대한 협박은 선진국에서 노조를 무력화하고 후퇴를 강요하는 자본의 필살기가 되었다.

국가 간 무역장벽을 허물어 세계를 하나의 시장으로 통합시킨 '시장의 세계화'는 시장을 획기적으로 확대함으로써 생산과 소비의 간극 확대라는 신자유주의의 약점을 보완했다. 중국산으로 대표되는 저렴한 수입품은 선진국 노동자들이 하락한 임금으로도 그럭저럭 생활을 영위할 수 있게 함으로써 임금하락이 노동자 투쟁으로 연결되는 고리를 효과적으로 차단했다.

세계적인 공장이동은 자본주의의 지형을 크게 바꿔 놓았다. 미국·서유럽·일본에 집중돼 있던 공장은 남미·동유럽·동아시아를 향해 빠져나갔고 최종 귀착지 중국을 향해 몰려들었다. 세계 자본주의는 중국의 생산과 미국의 소비라는 양대 축을 중심으로 재편되었다.

금융자본은 본래 산업자본에 대한 대부나 주식투자를 통해 산업자본이 획득한 잉여가치의 일부를 이자나 배당의 형태로 나눠 받음으로써 수익을 얻는 자본이다. 금융자본은 잉여가치를 생산하지 않지만, 사회의 유휴자본을 수집하여 산업자본에게 공급함으로써 산업자본의 가치증식에 간접적으로 기여하기 때문에 그 대가로 이자나 배당을 분배받는 것이다.

그런데 만일 주가가 지속적으로 폭등한다면, 금융자본은 이자나 배당으로 얻는 수익보다 주식 매매차익을 통해 훨씬 더 큰 수익을 거둘 수 있다. 투기적인 불로소득에 대한 환상을 불러일으켜 중간계급과 노동자계급 상층까지 주식시장으로 끌어들이면, 주가는 자연히 한동안 오르게 마련이다. 금융자본은 주식시장 참여자들에 대한 고금리 대출을 통해서도 별도의 수익을 올릴 수 있다. 물론 실질가치를 크게 벗어난 주가는 언젠가 폭락할 수밖에 없다. 그러나 대체로 큰손들은 폭락 이전에 이미 차익을 실현하고, 폭락에 따른 손실은 대부분 개미들에게 전가된다.

이와 같은 금융수탈은 이윤율 저하 경향을 상쇄하는 방법으로 사용될 수 있지만, 매우 큰 부작용이 있다. 주식가격이 폭락할 때 수많은 사람들이 파산하고 그 충격으로 은행들까지 파산하면서 경제 전반이 심각한 상황으로 빠져들 수 있기 때문이다. 1929년 10월 미국에서 대공황이 시작될 때 상황이 바로 그러했다.

미국은 1930년대 대공황을 수습하면서 은행을 비롯한 금융기관에 여러 가지 규제를 도입했다. 가장 중요한 건 상업은행과 투자은행의 겸업금지였는데, 예금을 취급하는 상업은행이 주식투자 같은 고위험 영역에 관여할 수 없게 만든 것이었다. 대공황과 같은 사태가 재발하는 것을 막기 위해 도입된 이런 규제는 1990년대 후반까지 60년 이상 계속됐다. 그런데 미국 정부는 이런 규제들을 1999년에 대대적으로 풀어 버렸다. 대표적으로 상업은행·보험사·투자은행 사이의 겸업금지 조항을 없애 버렸다. 대중들이 가진 소액의 자금조차도 최대한 투기적인 고위험 영역으로 끌어낼 수 있도록 길을 열어 준 것이다.

이처럼 국가의 적극적 지원 아래 금융수탈이 활발하게 펼쳐지는 과정이 바로 금융화다. 1990년대 후반부터 본격화한 금융화는 체제 전반의 이윤율이 바닥을 기게 됨으로써 잉여가치 생산을 통한 착취만으로는 충분한 이윤을 거둘 수 없게 된 자본에게 금융수탈을 통한 추가적인 수익을 보충해 주는 장치였다.

금융수탈은 주식 매매에 국한되지 않았다. 기업을 인수한 뒤 대규모 구조조정으로 '가치'를 높여 다시 판매하는 기업 자체의 매매도 금융수탈의 중요한 영역이었다. 부동산 시장에서는 주식시장과 비슷한 일이 훨씬 큰 규모로 벌어졌는데, 여기서는 주택담보대출의 규모가 압도적인 만큼 그를 통한 금융기관의 수익도 훨씬 컸으며, 주택가격 폭등에 따라 임대료 상승으로 얻는 수익도 상당했다. 금융화가 확산되면서, 금융수탈의 영역은 외환시장, 원자재시장, 선물시장, 나중에는 암호화폐 시장까지 끝없이 뻗어나갔다.

금융화는 금융 부문을 비대하게 팽창시켰다. 2006년 세계 총 GDP가 51조 8,000억 달러일 때, 세계 주식시장과 채권시장을 더한 규모가 119조 달러에 이르렀다. 2007년 금융화의 전위부대라 할 헤지펀드들이 운용하는 금액만 10조 1,000억 달러였다. 영국에서는 2007년 제조업에 300만 명이 고용된 반면 금융 부문에는 650만 명이 고용됐다. 미국에서는 GDP 대비 전체 금융기관 자산이 1985년 110.3%에서 2007년 224.2%로 치솟았다. 세계화와 금융화가 맞물린 결과, 미국에서 제조업이 GDP에서 차지하는 비중은 1947년 25.6%에서 2009년 11.2%로 축소된 반면, 은행·보험·증권·부동산·임대업을 합친 금융업의 비중은 1947년 10.5%에서 2009년 21.5%로 성장했다.

체제 전반의 이윤율이 바닥에서 헤매는 까닭에 쓸 만한 투자처를

쉽사리 찾지 못하던 자본은 가공할 수익률을 제공하는 금융 부문에서 새로운 활기를 찾았다. 엄청나게 부풀어 오른 거품을 바탕으로 금융 부문에서 투기적인 수익률을 얻을 수 있게 되자, 제조업마저 생산적 투자가 아니라 금융수탈을 향해 정신없이 빨려 들어갔다. 대표적으로 세계 최대의 자동차회사 지엠은 1990년대에 자회사 지맥을 통해 금융수탈에 동참했다가, 그렇게 해서 벌어들인 수익이 전체 이윤의 절반을 상회하자, 지맥에 투자를 집중하기 위해 소형차 사업에서 철수하면서 멀쩡한 공장들을 폐쇄시켜 버렸다. (2008년 금융위기에 따른 지맥의 파산은 2009년 지엠 전체의 파산으로 귀결됐다.)

금융수탈을 위해 주식·부동산 시장에 거품을 일으키고 이를 뒷받침하려고 막대한 신용대출을 제공하는 것은 선진국에서 소비를 확장하기 위한 수단이기도 했다. '신자유주의 세계화' 축적구조에는 그 자체로 하나의 중요한 모순이 있었기 때문이다. '생산과 시장의 세계화'가 진전될수록 점점 더 많은 상품이 세계시장에 쏟아져 나오는데, 세계시장의 중추인 선진국에서는 신자유주의 공세와 공장이동에 따른 노동자계급의 임금하락·고용감소로 소비능력이 오히려 점점 더 위축됐다. (2010년 기준으로 미국·유럽연합·일본을 포괄하는 선진국은 세계 인구의 17.9%이지만 세계 GDP의 57.9%를 차지했다. 특히 미국은 세계 인구의 4.5%에 불과하지만 세계 GDP의 23.3%를 차지했다.) '신자유주의 세계화' 축적구조가 마비되지 않고 원활히 작동할 수 있으려면, 미국을 비롯한 선진국에서 인위적인 소비 확장이 계속해서 이루어져야 했다. 미국에서 1990년대 중후반 주식거품과 2000년대 초중반 부동산 거품을 국가가 은행을 매개해 막대한 신용대출로 뒷받침한 것은 그에 동승한 대중이 지갑을 열고 왕성한 소비에 나서도록 만드는 과정이기도 했다.

신자유주의·세계화·금융화의 과정은 소득불평등이 빠르게 심화되는 과정이었다. 자본가들이 착취와 수탈을 강화하면서 이윤을 늘린 만큼 노동자들은 더 가난해질 수밖에 없었기 때문이다. 미국 전체 국민소득에서 상위 1%가 차지하는 비중은 1980년 10%에서 2007년 23%로 치솟아, 1929년 대공황 발발 직전과 거의 비슷한 수준에 이르렀다.

신자유주의·세계화·금융화의 시대는 자본가들에게 꿈과 같은 세상을 열어 줬다. 뉴욕을 비롯한 금융 중심지들에 포진한 국제 금융자본은 마치 지구가 하나의 제국으로 통합되기라도 한 것처럼 세계은행과 국제통화기금 같은 국제기구들을 앞세워 신자유주의·세계화·금융화의 흐름을 지구 구석구석까지 강제하면서 자본주의 세계 전반을 이끌었다. 신자유주의·세계화·금융화의 흐름 속에서 소련·동유럽이 붕괴하고 중국·베트남이 개혁개방에 나서자 자본가들은 '자본주의의 영원한 승리'를 노래했다. 2000년대 중반까지 전 세계 자본가들은 신자유주의·세계화·금융화를 앞세워 자본주의가 영원히 승승장구하리라는 환상에 빠져 있었다.

2) 2008년 금융위기와 대불황

금융수탈을 위해 한껏 부풀려진 주식·부동산 가격은 필연코 실제 가치에 부합하는 가격으로 조정될 수밖에 없었다. 1990년대 후반 미국 주식시장에서 부풀어 올랐던 이른바 '닷컴버블'이 2000년에 터졌다. 그러자 수많은 주식시장 파산자들을 뒤로하고, 금융수탈의 주요 무대가 부동산 시장으로 옮아갔다. 2000년대 초중반 부동산 시장에서 더욱 거대한 거품이 부풀어 올랐다. 은행들은 상환능력이 부족한 이들에게까지 광범하게 대출을 제공하며 주택 구입을 부추겼다. 주택소유자가 파산하더라도, 주택 가격이 계속 상승하기 때문에 주택을 압류해서 팔면 오히려 이득이라고 계산했기 때문이다. 그런데 연준이 3~4%대의 물가를 잡기 위해 2004~2006년 금리를 1.00%에서 5.25%로 인상하자, 갑자기 불어난 이자비용을 감당하지 못한 주택 구매자들이 줄줄이 파산했고, 그에 따라 주택 가격도 폭락했다.

주택담보 대출을 제공한 은행들은 막대한 부실채권을 떠안게 됐고, 하나, 둘 위기로 내몰렸다. 게다가 파생상품을 매개로 미국과 세계의 금융기관들 다수가 부동산 부실채권과 연결돼 있었다. 마침내 2008년 9월 미국의 5대 투자은행과 최대 보험사를 비롯한 대규모 금융기관들이 줄줄이 파산 또는 사실상의 파산 국면에 들어섰고, 그 충격으로 주식시장이 대폭락했다. 이른바 '미국발 세계 금융위기'가 전면에 부상하는 순간이었다.

2008년 금융위기는 자본주의 역사에서 1930년대 대공황 이후 최대 사건이었다. 미국은 물론이요, 다른 나라의 거대 금융기관들도 줄줄이 파산함으로써 세계 자본주의 전체가 마비되기 직전이었다. 부동산 가격 폭등과 약탈적 대출을 통한 금융수탈은 200만 가구를 홈리스로 만들며 자본가들에게 큰 수익을 안겨 주었지만, 결국 금융위기의 부메랑으로 돌아와 자본가들의 지배체제 자체를 파탄 직전까지 내몰았다.

자본주의 체제 전반이 붕괴할 위험에 직면하자, 그동안 신자유주의를 부르짖으며 '시장에 다 맡기라'던 자본가계급은 뻔뻔스럽게도 국가를 통해 천문학적인 구제금융을 금융기관들에게 제공했다. 2009년 11월 영국은행 보고서에 따르면, 미국·영국·유로존이 쏟아부은 구제금융만 14조 달러로 2009년 세계 총 GDP의 4분의 1에 해당했다.

은행들의 파산은 간신히 막았지만, 선진국 소비 시장이 빠르게 위축되었다. 금융위기가 터지고 불과 석 달 만에 전 세계 생산과 무역이 30% 이상 감소했다. 특히 중국에서는 금융위기 직후 석 달 만에 수출산업을 중심으로 2,000만 개의 일자리가 사라졌다. 이번에는 경기부양을 위해 각국 정부들이 엄청난 재정을 쏟아부었다. 미국을 비롯한 선진국에서는 보조금과 세금혜택을 중심으로 소비를 진작시켰다면, 중국을 비롯한 신흥국에서는 대대적인 토목·건설 공사가 활용됐다. 금융위기 이후 2년 동안 경기부양을 위해 각국 정부가 투입한 재정은 5조 달러를 웃돌았다.

한편 미국·유럽·일본 등 주요국 중앙은행들은 경기부양을 위해 대규모의 양적완화와 초저금리 정책을 장기간 실시했다. 이를테면 미국 연준은 2008년 11월부터 2014년 10월까지 6년 동안 세 차례에 걸쳐 3조 6,000억 달러 규모의 양적완화(은행들이 보유한 채권을 구입하는 방식으로 중앙은행이 시중 통화량을 확대하는 정책)를 실시했다. 또한 연준은 2008년 12월부터 2015년 12월까지 7년 동안 기준금리를 제로(0.00~0.25%)로 유지했다.

이와 같이 전례 없는 대규모 구제금융과 경기부양 정책을 동원함으로써, 자본주의 국가는 2008년 금융위기가 (1930년대 대공황처럼 대규모의 파산과 실업으로 넘쳐나는) 또 한 번의 폭발적인 대공황으로 발전하는 것을 차단할 수 있었다.

그러나 대불황은 피할 수 없었다. 세계은행에 따르면, 2008년부터 2019년까지 12년 동안 세계 경제의 평균 성장률이 2.5%를 기록했는데, 이는 1961~2007년 평균 성장률 3.7%는 물론, 1995~2007년 평균 성장률 3.4%보다도 한참 낮은 것이었다. 더욱이 이 수치는 각국이 경기부양을 위해 천문학적인 재정확장과 전례 없는 초저금리·양적완화 정책을 장기간 동원함으로써 겨우 달성한 결과였다.

대불황의 시기는 부분적으로 애플 같은 빅테크 기업들, 아마존 같은 플랫폼 기업들, 테슬라 같은 이른바 '친환경' 기업들의 눈부신 성장과 그에 따른 과감한 투자를 보여 주었지만, 전반적으로는 체제 전반의 이윤율이 바닥을 벗어나지 못함에 따른 극심한 투자기피 현상을 보여 주었다.

체제 전반의 투자기피 현상을 보여 주는 하나의 대표적인 실례는 미국의 '자사주 매입' 확산이다. 트럼프 행정부가 해외투자를 미국으로 회수하는 기업들에게 감세 혜택을 주기로 함에 따라, 2018년 1분기 미국 기업들이 2,170억 달러를 미국으로 회수했는데, 이는 전체 해외투자금 2조 1,000억 달러의 약 10%였다. 그런데 상위 15개 기업이 회수한 810억 달러 가운데 겨우 20억 달러만 생산적 투자에 지출됐다. 반면 2018년 2분기 미국 기업들의 자사주 매입 규모는 1,500억 달러로 1분기 대비 3배로 급증했다. 즉 미국으로 회수된 해외투자의 대부분은 생산적 투자 대신 경영권 방어나 주가 견인을 위한 '자사주 매입'에 투입됐다.

투자기피 현상은 은행의 대출 방향에도 큰 영향을 미쳤다. 미국 상업은행들이 1970~1981년 제공한 총신용 가운데 상공업대출의 비중은 25.0%였으나 2008~2019년에는 16.1%에 불과했다. 반면 부동산 대출의 비중은 같은 기간 19.1%에서 37.0%로 상승했다. 한국에서는 투자기피 현상이 재벌 대기업의 사내유보금 급증으로 나타났다. 2008년 221조 6,000억 원이었던 10대 그룹의 사내유보금은 2019년 821조 6,000억 원으로 성장했다.

결국 대불황의 시기는 자본주의 축적체제에 발생한 모순을 해소함으로써 새로운 호황을 향해 나아가는 과정이 아니라, 모순을 더욱 축적하고 악화시킴으로써 대규모의 폭발을 향해 나아가는 과정이었다. 모순의 축적과 악화는 세계화와 금융화 양 측면 모두에서 진행되었다.

3) 세계화가 불러낸 리쇼어링·보호주의·패권대결

세계화는 선진국과 신흥국 모두에서 자본가들이 저임금을 강요할 수 있게 함으로써 이윤율 저하 경향을 상쇄하고 나아가 이윤율을 회복할 수 있도록 큰 도움을 주는 수단이었다. 또한 낮은 물가가 유지되게 함으로써 저임금이 노동자 투쟁으로 연결되는 고리를 차단하는 기능도 했다.

그러나 대불황 시기를 거치며 세계화는 (특히 '생산의 세계화'는) 크

세계 GDP 대비 해외직접투자·수출

출처: 1970~2020년 세계은행 자료를 바탕으로 계산.

　　　　　　　　　자본주의 시대전환과 한국 노동운동

게 후퇴했다. 세계 GDP 대비 해외직접투자의 비율은 1985년 0.4%에서 출발해 추세적으로 상승을 거듭한 끝에 2007년 5.3%까지 이르렀으나, 이후 추세적 하락을 거듭하며 2020년 1.3%를 기록했다. 세계 GDP 대비 수출(상품+서비스)의 비율은 1986년 16.9%에서 출발해 2008년 31.2%까지 상승했으나, 이후 추세적 하락 끝에 2020년 26.3%를 기록했다.

세계 주요국·지역에서 GDP 대비 해외직접투자 유입분의 비율은 대부분의 경우 2006~2010년보다 2016~2020년에 그 수치가 하락했다. 구체적으로 살펴보면, 미국 1.9%에서 1.5%, 유로존 5.8%에서 1.9%, 중국 3.7%에서 1.5%, 인도 2.4%에서 1.8%, 러시아 3.7%에

주요국 GDP 대비 해외직접투자(유입) 추이

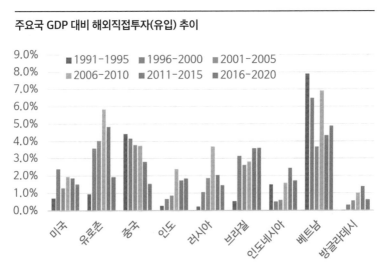

출처: 1991~2020년 세계은행 자료를 바탕으로 계산.

서 1.4%로 하락했다. 브라질이나 동남아시아 등 일부 국가·지역에서는 양상이 약간 달랐지만, 여기서도 그 비율이 뚜렷이 상승하지는 못했다. 세계화의 후퇴는 특정 국가나 지역에 한정되지 않는 범세계적인 현상이었다.

세계화가 이렇게 후퇴한 이유는 무엇일까? 세계화 자체에 내장된 모순이 작동한 결과 리쇼어링, 보호주의, 패권대결을 불러냄으로써 강력한 역세계화의 힘을 만들어 냈기 때문이다.

세계화의 초기에 선진국 자본가들이 신흥국으로 생산거점을 대거 이동한 것은 무엇보다 신흥국의 현저한 저임금 때문이었다. 그런데 시간이 흐를수록 선진국 임금과 신흥국 임금 사이의 격차가 줄어들었다. 신흥국에서 산업화가 진전될수록 노동자들의 단결과 임금투쟁이 확대되면서 임금이 빠르게 상승했기 때문이다. 특히 '세계의 공장'이 된 중국에서 2010년에 터져 나온 대대적인 임금 투쟁은 중요한 전환점이었다. 덧붙여 선진국에서 전반적인 임금정체에 덧붙여 이중임금제까지 확산되면서 제조업 신규 노동력의 임금이 상당히 하락했다.

선진국과 신흥국 사이의 임금격차 축소는 물류비용 등까지 고려할 때 신흥국으로 생산거점 이동이 과연 장기적으로 이득인지에 대해 회의를 불러일으키기 시작했다. 대략 2010년을 분기점으로 많은 선진국 기업들이 신흥국을 향한 추가 생산투자를 보류하고, 심지어 신흥국에 있던 생산거점을 다시 선진국으로 되돌리는 이른바 리쇼어링에 나서기 시작했다. 미국의 경우 트럼프 정부가 등장하기 이전인 2010~2016년에 이미 리쇼어링으로 43만 8,000개의 일자리가 새로 생길 정도였다.

그런데 리쇼어링이 비교적 조용한 경제적 현상이었던 것과 달리, 보호주의와 패권대결의 부상은 세계질서를 뒤흔드는 강력한 정치적 현상이었다. 신자유주의·세계화·금융화는 소련·동유럽의 몰락과 중국의 시장경제 전환을 포괄하며 사실상 세계를 하나의 질서로 재통합해 냈는데, 그와 같은 단일한 세계질서는 반대로 신자유주의·세계화·금융화가 원활하게 지속될 수 있게 하는 정치적 기반이었다. 특히 2008년 금융위기가 터졌을 때 각국 정부들이 단일한 세계질서에 입각해 서로 긴밀하게 협력한 것은 금융위기가 폭발적인 대공황으로 나아가지 않고 대불황 정도로 수습되게 하는 데서 결정적 역할을 했다. 그러나 세계화는 이 단일한 세계질서를 밑바닥에서부터 뒤흔드는 보호주의와 패권대결을 다시 불러냈다.

2009년 4월 런던에서 G20 제2차 정상회의가 열렸을 때, 각국 정상들은 금융위기에 대한 공동 대응을 위해 '보호주의 저지'를 공식 결의했다. 1930년대에 세계 각국이 보호주의에 빠짐으로써 대공황을 크게 악화시켰던 경험을 되풀이해선 안 된다는 다짐이었다. 그러나 신자유주의·세계화·금융화로 피폐해진 데다가, 2008년 금융위기 이후 더욱 급격하게 삶의 후퇴를 경험한 미국과 유럽의 노동자·민중이 (이들을 이끌 역량 있는 혁명적 세력의 부재라는 조건 위에서) 보호주의 세력에게 거대한 에너지를 불어넣었다. 마침내 2016년 영국에서 유럽연합 탈퇴가 국민투표를 통해 결정되고, 미국에서 트럼프가 당선되면서, 보호주의가 세계 정치와 국제관계의 전면에 부상했다.

보호주의 세력의 집권은 기왕에 진행되던 리쇼어링을 더욱 가속했다. 트럼프 정부가 해외투자를 회수하는 기업들에게 대규모 감세 혜택을 제공한 결과 2017~2020년 리쇼어링으로 63만 7,000개의 일자리가 추가됐다. (앞서 본 것처럼 회수 자금의 대부분이 자사주 매입에 투입됐는데도 그 정도 결과가 나왔다.) 보호주의 세력의 집권은 세계질서를 뒤흔드는 정치적 힘으로도 기능했다. 트럼프가 내세운 '미국 우선주의'는 중국과의 관계만이 아니라 유럽의 전통적인 동맹들과의 관계에도 큰 균열을 만들어 냈다. 외국과 이주민을 혐오하는 보호주의의 득세는 세계 곳곳에서 사회적 소수자들을 혐오하는 온갖 극우 세력들을 강력하게 고무했다.

세계화로 '세계의 공장'이 된 중국은 빠른 성장을 거듭한 끝에 미국의 패권을 위협할 만큼 도약했다. 더 이상의 추격을 허용하지 않으려는 미국과 추격의 시간을 단축하려는 중국 사이의 갈등은 미국과 중국 사이의 패권대결을 조기에 가시화했다.

중국에서 개혁개방이 본격화된 1982년, 미국 GDP 대비 중국 GDP의 비율은 6.1%였다. 한동안 이 수치는 완만하게 증가해서 중국이 WTO에 가입하던 2001년에도 12.7%에 불과했다. 그런데 이후 6년 만에 이 수치가 2배로 늘어나 2007년 24.5%를 기록하더니, 2008

년 금융위기를 계기로 다시 4년 만에 2배로 늘어나 2011년 48.4%를 기록했다. 게다가 2010년부터는 중국 GDP가 일본을 추월하며 세계 2위를 기록하기 시작했다.

중국의 경제적 부상은 미국과 중국 사이의 오랜 밀월을 대신해서 긴장과 갈등을 불러왔다. 2011년 오바마 정부는 '잠재적 적국'으로서 중국에 대한 견제와 포위를 뜻하는 '아시아 회귀 전략'을 미국의 최상위 대외 정책으로 설정했다. 이에 맞서 중국은 추격의 고삐를 더욱 당겼다. 중국의 GDP가 처음으로 미국의 절반을 넘어서서 52.5%를 기록하던 2012년, 당 총서기에 오른 시진핑은 중국이 세계 최강국이 되는 꿈, 즉 '중국몽'을 전면에 내걸었다. 나아가 중국의 GDP가 미국의 60.8%를 기록하던 2015년, 중국은 2025년까지 10대 핵심 첨단산업을 세계 최고 수준으로 끌어올리겠다는 '중국제조 2025' 계획을 발표했다.

중국의 GDP가 미국의 3분의 2를 넘어서며 67.7%를 기록하던 2018년, 미국과 중국의 갈등은 전면적인 무역분쟁으로 불붙었다. 2018년 7월 트럼프 정부의 선공으로 340억 달러 규모의 수입품에 대한 25% 보복관세를 주고받으며 시작된 미·중 무역분쟁은 2019년 미국이 3,000억 달러 규모의 추가 수입품에 대해 보복관세를 부과하고 화웨이를 비롯한 첨단기술 기업들을 제재하자 중국이 미국산 농산물 수입을 축소하는 양상으로 확대된 가운데 지금까지 계속되고 있다.

무역분쟁을 거치며 미국의 중국산 수입품 가운데 관세부과 대

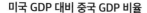

미국 GDP 대비 중국 GDP 비율

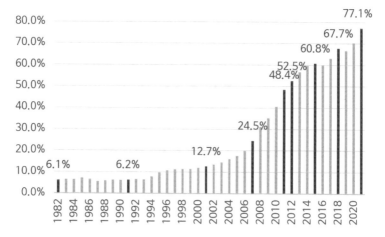

출처: 1982~2021년 세계은행 자료를 바탕으로 계산.

상이 1.0%에서 66.4%로 크게 확대됐으며, 평균 관세율은 3.1%에서 19.3%로 상승했다. 미국은 무역분쟁을 활용해 2019년 중국과의 GDP 격차를 다시 벌릴 수 있었지만, 중국이 빠르게 대응력을 회복하면서 2021년 중국의 GDP가 미국의 77.1%까지 이르게 되었다. 미국의 강력한 견제와 중국의 왕성한 추격은 미·중 패권대결이 점점 더 격화될 수밖에 없음을 말해 준다.

2008년 이전 세계화는 신자유주의의 결함을 보완하며 이윤율 저하 경향을 상쇄하고 만회하는 효과적인 수단으로 기능했다. 하지만 2008년 이후 세계화의 자체 모순이 전개된 결과 원래의 기능도 현저히 약화됐을 뿐만 아니라 보호주의와 패권대결이라는 (세계질서를 송두

리째 뒤흔들며 자본주의 위기를 결정적으로 심화시킬) 정치적 힘을 만들어 내고
말았다.

4) 더욱 거대한 금융위기를 향해 치달아 온 금융화

2008년 금융위기 이후 실물경제가 침체와 저성장에 갇힌 것과
달리, 세계 주식시장과 부동산 시장은 미국을 중심으로 뜨겁게 달아
올랐다.

세계 GDP 대비 주식시장 시가총액은 2007년 4분기 115.5%로
정점을 기록한 뒤, 금융위기를 거치며 2008년 4분기 54.6%까지 추
락했다가, 이후 추세적 상승을 거듭한 끝에 2021년 4분기 128.1%로

세계 주식시장 시가총액과 GDP 비교

출처: 2000~2022년 WFE·세계은행 자료를 바탕으로 계산.

미국 주식시장 시가총액과 GDP 비교

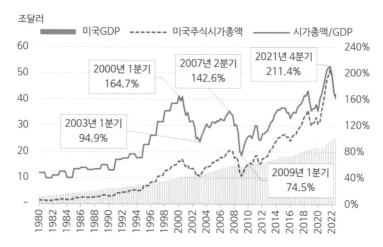

출처: 1980~2022년 WFE·FRED 자료를 바탕으로 계산.

새로운 정점에 이르렀다. 새로운 정점의 수치는 금융위기 직전보다 12.6%p나 높다. 세계 주식시장에 금융위기 직전보다 더 큰 거품이 조성된 것이다.

　미국 주식시장은 더 극적인 모습을 보여 준다. 미국 GDP 대비 주식시장 시가총액은 2000년 1분기 164.7%와 2007년 2분기 142.6%로 정점을 기록한 뒤, 각각 닷컴붕괴와 금융위기를 거치며 2003년 1분기 94.9%와 2009년 1분기 74.5%로 추락했다가, 이후 추세적 상승을 거듭한 끝에 2021년 4분기 211.4%를 기록했다. 새로운 정점의 수치는 닷컴붕괴 직전보다는 46.7%p, 금융위기 직전보다는 68.8%p나

미국 주택 가격과 소비자물가 비교

출처: 1987~2022년 FRED 자료를 바탕으로 계산, 2000년 1월=100.

더 높다. 미국 주식시장에서는 닷컴붕괴나 금융위기 직전보다 훨씬 더 큰 거품이 조성된 것이다.

미국 부동산 시장도 심각하다. 미국 소비자물가지수 대비 주택가격지수는 2006년 5월 155.1%로 정점을 기록한 뒤, 부동산 가격폭락과 금융위기를 거치며 2012년 2월 99.4%까지 추락했다가, 이후 추세적 상승을 거듭한 끝에 2022년 5월 178.1%로 정점에 이르렀다. 새로운 정점의 수치는 금융위기 직전보다 23.0%p 더 높다. 미국 부동산 시장에서도 금융위기 직전보다 상당히 더 큰 거품이 조성된 것이다.

다른 많은 나라들에서도 심각한 수준의 부동산 거품이 조성돼 있다. 2022년 6월 블룸버그는 임대료 대비 가격과 소득 대비 가격을 합산해 본 결과 OECD 국가들 가운데 한국을 포함한 19개 국가의 부동산 시장에서 2008년 금융위기 이전보다 더 큰 거품이 조성돼 있다고 분석했다.

2008년 이전, 자본가들에게 있어서 금융화는 (신자유주의와 세계화에 따른 초과착취에 덧붙여) 금융수탈을 통해 추가적인 수익을 얻을 수 있게 해 주는 중요한 수단이었다. 하지만 2008년 금융위기는 금융수탈이 자본주의 체제 자체를 붕괴로 내몰 수 있는 아주 위험한 수단임을 여실히 입증했다. 그러므로 2008년 금융위기 이후 적어도 한동안은 금융수탈로부터 거리를 두는 것이 자본가들에게 최소한의 합리적인 선택이었을 것이다. 1930년대 대공황 이후 60년 이상 그랬던 것처럼 말이다.

그러나 우리가 확인한 것처럼 2008년 이후 금융수탈은 더 거대한 규모로 전개됐다. 그리고 그 결과 지금 자본주의에는 2000년 닷컴붕괴와 2008년 금융위기를 낳았던 두 거품보다 훨씬 더 큰 거품이 조성돼 있다.

이렇게까지 된 이유는 무엇인가? 간단히 말해서 금융수탈이 아니고서는 자본주의가 존립할 수 없는 지경에 이르렀기 때문이다. 그동안 착취를 강화하기 위해 세계적으로 엄청난 신자유주의 공세가 퍼부어졌지만, 오늘날 자본주의 체제 전반의 이윤율은 여전히 바닥에서 헤어나질 못하고 있다. 게다가 착취를 강화하는 데 큰 도움이 되

금융위기 이후 미국의 초저금리와 양적완화

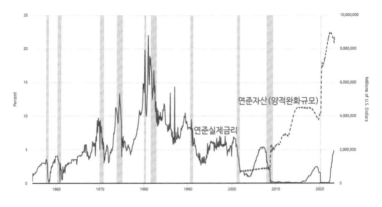

출처: 2000~2022년 FRED에서 작성.

었던 세계화는 2008년 이후 빠르게 후퇴해 왔다. 자본주의의 동력은 자본가들의 끝없는 이윤욕인데, 대규모의 금융수탈을 통하지 않고서는 그 이윤욕을 제대로 충족할 수 없게 된 것이다. 이제 자본주의는 금융수탈 없이는, 금융수탈을 필사적으로 밀어붙이지 않고서는, 존립할 수 없는 단계에 이른 것이다.

2008년 이후 주식·부동산 시장 등에서 더욱 거대한 거품이 조성되고 그럼으로써 더 거대한 규모로 금융수탈이 전개된 데에는 금융수탈을 부추기고 지원하는 국가의 역할이 결정적이었다. 나라마다 여러 가지 법과 제도가 작용했지만, 경제정책이라는 측면에서 보면 초저금리와 양적완화가 핵심이었다.

2008년 직후 미국 연준을 비롯한 주요국 중앙은행이 초저금리와 양적완화 정책을 펴기 시작한 것은 금융위기 충격으로 급격히 얼어붙은 실물경제를 회복시키기 위해서였다. 자본가들이 더 쉽게 생산적 투자에 나설 수 있도록 시중에 충분한 화폐를 공급하려는 정책이었다. 그러나 바닥을 기는 이윤율 때문에 자본가들은 생산적 투자에 잘 나서지 않았고, 결국 넘쳐나는 화폐는 주식가격과 부동산가격을 끌어올리는 데 더 많이 기여했다. 그런데 자본가계급 전체로 보자면 그것도 나쁘지 않았다. 생산적 투자로 충분한 이윤을 거둘 수 없다면, 금융수탈로 보충하면 될 일이었다. 시간이 흐르면서 이 구조가 고착되자, 초저금리와 양적완화는 주식·부동산 가격을 지탱하고 끌어올리기 위한 수단으로 사실상 변질됐다.

그런데 특히 주식거품이 맹렬하게 부풀어 오르고 있었기 때문에, 주요국 중앙은행들도 다시 금융위기가 터지는 것을 우려하지 않을 수 없었을 것이다. 어쨌든 주요국 중앙은행들은 조심스럽게 금리를 다시 인상하고 양적긴축에 들어갔는데, 특히 미국 연준은 2015년 12월부터 2018년 12월까지 9차례에 걸쳐 2.25% 금리를 인상하고 2017년 9월부터 2019년 8월까지 7,000억 달러를 회수하는 미미한 양적긴축을 실시했다. 그 표면상 이유는 '점진적인 경제회복에 따른 정상화'였지만, 과도하게 부푼 거품이 격렬하게 터지기 전에 미리 바람을 빼는 것 또한 실제 목표에 포함돼 있었을 것이다. 그러나 연준은 바람을 충분히 뺄 수 없었다. 약간의 금리 인상과 양적긴축에도 미국 경제가 빠르게 하강했기 때문이다. 연준은 2019년 9월 금리 인하와 양적완화를 재개할 수밖에 없었다.

그러던 상황에서 코로나19 팬데믹이 터져서, 일시적으로 초유의 위기 국면이 펼쳐졌다. 이를테면 2020년 4월 미국에서는 한 달 만에 일자리 2천만 개가 사라졌다. (2008년 금융위기가 터졌을 때 2008년 9월부터 2009년 8월까지 1년 동안 사라진 일자리 670만 개의 세 배가 한 달 만에 사라졌다.) IMF에 따르면, 2020년 4월부터 2021년 3월까지 코로나19 대응을 위해 각국 정부가 9조 9,000억 달러의 재정을 지출했으며, 각국 중앙은행이 6조 1,000억 달러의 금융 지원에 나섰다. 이렇게 투입된 16조 달러는 2020년 세계 GDP의 18.8%에 이르렀다.

미국 연준은 코로나19 팬데믹이 초래한 경제 위기에 대응하기 위해 다시 2020년 3월부터 2022년 3월까지 제로금리를 유지하고 4조 8,000억 달러의 양적완화에 나섰다. 이번에도 정책의 효과는 비슷했지만 그 정도는 훨씬 심했다. 다시 한 번의 제로금리와 대규모 양적완화는 생산적 투자의 활성화보다 주식·부동산 거품을 끌어올리는 데 훨씬 더 많이 기여했다. 그 결과 상상을 초월하는 수준의 거품이 전 세계 주식·부동산 시장에서 조성됐다.

4장

'위기와 전쟁의 시대'를
'혁명의 시대'로!

지금까지 살펴본 것처럼, 거듭되는 신자유주의 공세에도 체제 전반의 이윤율은 바닥에서 벗어나지 못하고, 세계화는 점점 후퇴하며, 금융화는 더욱 거대한 금융위기를 향해 치달으면서, 신자유주의·세계화·금융화의 시대가 근근이 이어져 왔다. 그런데 2022년 우크라이나전쟁과 기록적인 인플레이션이 강력한 충격을 안기며 이 시대를 끝장내고 새로운 시대의 문을 열었다.

그렇다면 새로운 시대는 어떤 시대인가? 무엇보다 이전 시대 동안 축적된 모순들이 폭발하면서 자본주의 경제 위기가 격렬하게 분출할 시대다. 또한 마찬가지로 이전 시대 동안 축적된 모순들로부터 제국주의 국가들 간의 충돌과 전쟁이 일상화할 시대다. 나아가 경제 위기와 전쟁이 서로 맞물리며 상황을 더욱 악화시킴으로써 노동자계급과 인류를 끝없는 고통 속으로 몰고 들어갈 시대다. 하지만 바로 그렇기 때문에 세계적으로 계급투쟁이 부활하고 전진할 것이며 나아가 자본주의를 철폐하는 노동자혁명의 전망이 다시 한번 미래의 막연한 전망이 아니라 눈앞의 구체적인 과제이자 가능성으로 떠오르게 될 시대다.

1) 패권대결과 보호주의가 만들어 낼 새로운 세계질서

새로운 시대의 전환점이 된 우크라이나전쟁은 어떤 배경 위에서 시작됐고, 또 어떻게 세계를 변화시키고 있을까? 이 문제를 이해하기 위해서는 먼저 지난 30년 동안 국가들 간의 세력관계에서 일어난 변화를 이해할 필요가 있다.

1991~2020년 세계 총GDP에서 국가별 비중의 변화를 살펴보면, 흔히 짐작하는 바와 비슷한 결과를 얻을 수 있다. 가장 두드러지는 변화는 중국의 눈부신 상승이고, 일본의 급격한 하락이다. 또한 독일·영국·프랑스·이탈리아·스페인 등 유럽 국가들의 전반적인 하락을 볼 수 있다. 미국은 상승하다가 2008년 금융위기를 거치며 크게 하락한 뒤 다시 회복하고 있다. 인도·브라질·러시아의 추세적 상승도 확인할 수 있다.

1991~2020년 세계 총수출에서 국가별 비중의 변화를 보면, 역시 중국의 눈부신 성장이 가장 눈에 띈다. 미국·독일·일본·영국·프랑

세계 총GDP에서 국가별 비중의 변화

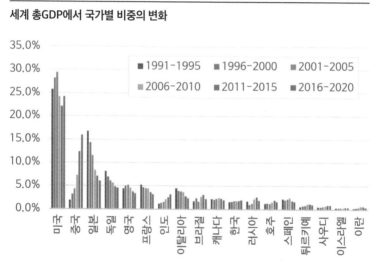

출처: 1991~2020년 세계은행 자료를 바탕으로 계산.

자본주의 시대전환과 한국 노동운동

스·네덜란드·이탈리아·캐나다·스페인 등 기존 선진국들은 공히 추세적으로 하락해 왔다. 한국·싱가포르·인도·멕시코·러시아·브라질·사우디·튀르키예 등 신흥국들은 중국만큼은 아니지만 꾸준한 성장 추세를 보여 준다.

1991~2020년 세계 총 해외직접투자(자본 수출)에서 국가별 비중의 변화를 보면, 중국·일본·독일·캐나다·한국·러시아의 성장과 미국·프랑스·영국·스위스의 하락이 교차함을 볼 수 있다. 브라질·사우디·인도·튀르키예는 계속해서 미미한 수준이다. 여기서는 수출에 비해 특정 국가로의 쏠림이 더 큰 것과 기존 선진국들과 신흥국들 안에서도 흐름이 서로 다른 것을 확인할 수 있다.

세계 총수출에서 국가별 비중의 변화

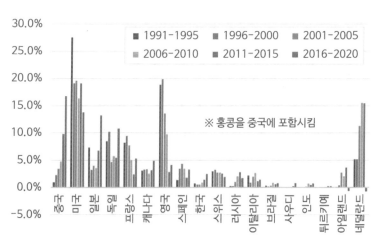

출처; 1991~2020년 세계은행 자료를 바탕으로 계산, 상품+서비스.

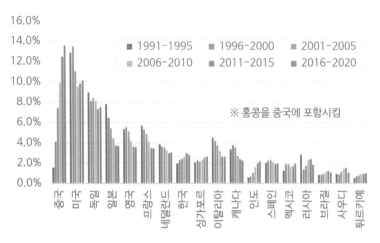

출처: FDI outflows, 1991~2020년 세계은행 자료를 바탕으로 계산.

그런데 1991~2020년 세계 총군비지출에서 국가별 비중의 변화를 보면, 지금까지와는 상당히 다른 상황을 볼 수 있다. 미국의 하락과 중국의 상승이 교차했지만, 여전히 그 격차가 매우 크다. 또한 경제력 지표에서 거의 두각을 나타내지 못했던 사우디·인도·러시아가 꾸준한 성장 끝에 3~5위를 차지하기에 이르렀다. 영국·프랑스·일본·독일·이탈리아·스페인은 꾸준한 하락을 보여 준다. 한국·호주·브라질·캐나다·이스라엘·튀르키예·이란은 비슷한 수준을 유지해 왔다.

2016~2020년 세계 주요 분야에서 국가별 비중 비교는 경제력과 군사력을 종합한 국가 간 세력관계가 지난 30년의 변화를 거쳐 오늘날 어느 지점에 이르렀는지를 보여 준다.

세계 총군비지출에서 국가별 비중의 변화

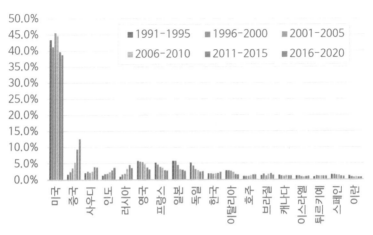

출처: 1991~2020년 SIPRI 자료를 바탕으로 계산.

세계 주요 분야에서 국가별 비중 비교

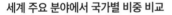
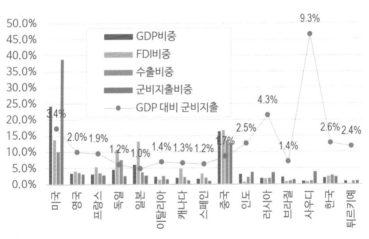

출처: 2016~2020년 세계은행·SIPRI 자료를 바탕으로 계산.

미국은 여전히 세계 최강대국의 위치를 차지하고 있지만, 경제력에 비해 군사력에 크게 의지하고 있다. 중국은 경제력에서 미국을 상당히 추격했고 심지어 수출과 해외직접투자에서는 추월하기까지 했지만, 군사력에서는 미국에 한참 못 미치고 있다. 경제력과 군사력의 상호관계에 있어서 미국과 중국이 보여 주는 차이는 미국의 군비지출이 GDP 대비 3.4%인 반면, 중국은 1.7%에 불과한 것으로도 나타난다.

또 하나 두드러지는 지점은 인도·러시아·사우디가 경제력에 비해 상대적으로 강한 군사력을 보유하고 있다는 점이다. (러시아의 핵무력은 미국과 쌍벽을 이루지만, 종합적인 군사력을 보여주는 데는 군비지출이 더 적절한 지표일 것이다.) 그러한 군사력을 유지하기 위해 세 국가는 GDP 대비 각각 2.5%, 4.3%, 9.3%에 이르는 군비지출을 했다. 중국이 아직까지 경제성장에 집중하면서 군비지출 비중이 1.7%에 머물러 있고, 상시적인 전쟁 위기 아래 놓여 있는 한국의 군비지출 비중도 2.6%인 점을 감안하면, 상당히 또는 매우 높은 수치들이 아닐 수 없다. 튀르키예는 경제력도 군사력도 강하지 않지만, GDP 대비 군비지출이 2.4%라는 상당히 높은 수치를 기록했다.

반면 영국·프랑스·독일·일본·이탈리아·캐나다·스페인 등 미국을 제외한 기존 선진국들은 경제력과 비슷하거나 그보다 상대적으로 약한 군사력을 보유하고 있다. 영국·프랑스가 나토가 요구하는 GDP 대비 2.0% 내외의 군비지출을 하면서 경제력과 엇비슷한 군사력을 보유한 반면, 나머지 국가들은 1.0~1.4%의 군비지출을 하면서 경제력보다 꽤 낮은 군사력을 보유하고 있다.

이와 같은 최근의 국가 간 세력관계는 다음과 같이 요약할 수 있다. 중국의 급격한 추격과 미국의 견제로 미·중 패권대결이 본격화했지만 아직 군사력에서는 중국이 한참 밀린다. 기존 질서를 뒤흔드는 미·중 패권대결은 국가 간 세력관계가 급격히 변화할 가능성을 제공하는데, 그 기회를 붙잡기 위해 급격히 군사력을 증강해 온 인도·러시아·사우디가 중국의 현저한 군사력 열세라는 빈 공간을 파고들며 자신의 영향력 확대를 도모하고 있다.

이것은 우크라이나전쟁의 발발 배경과 이후 전개되는 사태들을 상당히 설명해 준다. 러시아가 우크라이나를 침공한 것은 나토의 동진에 대한 반발 때문이기도 했겠지만, 역으로 나토에 맞서 우크라이나를 장악한다면 영향력 강화의 중요한 계기가 되리라는 계산 때문이었을 것이다. 미국의 주도 아래 중국을 포위하는 쿼드에 참여해 온 인도는 이번 우크라이나전쟁에서는 러시아에 대한 제재에 불참하고 오히려 에너지 수입을 늘리면서 사실상 러시아를 지원하고 있다. 미국의 굳건한 동맹이었던 사우디는 바이든의 요청을 거절하며 원유가격 유지를 위해 러시아와 손을 잡더니, 미래도시 건설에 미국의 제재 대상 화웨이의 참여를 허용하며 중국에게도 손을 내밀었다. 우크라이나전쟁은 큰 틀에서 보자면, 미국의 압도적 우위가 관철돼 온 세계질서가 미·중 패권대결로 흔들리기 시작하자, 경제력에 비해 강한 군사력을 보유하게 된 러시아·인도·사우디가 자신들의 영향력을 강화할 기회를 붙잡기 위해 세계질서를 더욱 뒤흔드는 과정이라고 할 수 있다.

물론 우크라이나전쟁은 다른 한편에서 보자면, 기존의 패권을 유지하려는 미국이 나토를 이끌며 우크라이나의 대리전을 적극 지원하면서 반격해 온 과정이기도 하다. 또한 러시아 등의 세계질서 재편 시도에 크게 자극받은 서방의 열강들이 적극적인 재무장에 나서게 만든 과정이기도 하며, 특히 일본과 독일은 공히 GDP 대비 2% 수준으로 군비증강을 추진하고 있다.

중국은 세계질서를 뒤흔드는 세 국가에게 신중하지만 분명하게 화답하고 있다. 중국은 우크라이나전쟁 관련 러시아에 대한 직접 지지는 삼가면서도 제재에 불참하고 에너지 수입을 확대하면서 러시아를 사실상 지원하고 있다. 인도와는 '한 세기 동안 볼 수 없었던 중대한 변화'를 놓치지 말자며 국경분쟁의 조속한 해결을 추진하고 있다. 사우디에게는 다량의 원유·가스를 안정적으로 수입하는 대신 위안화로 결제하는 방안을 제안하면서 (달러의 기축통화 유지에서 중요한 한 축인) '원유대금 달러화 유일결제' 시스템에 균열을 시도하고 있다.

그렇다면 이후 세계질서는 미국과 중국의 패권대결을 중심으로 미국이 주도하는 진영과 중국이 주도하는 진영 사이의 대립구도로 재편될 것인가? 그런데 그건 아닌 것 같다. 미국과 중국의 패권대결은 이제 그 승부가 날 때까지 계속될 수밖에 없겠지만, 다른 주요 열강들까지 그 패권대결의 하위 파트너가 되어 진영 간 대결구도로 포괄될 것이냐는 다른 문제이기 때문이다. 그렇게 될 가능성도 있지만, 지금으로서는 그렇지 않을 가능성이 더 커 보인다.

일차적으로 러시아·인도·사우디가 중국의 하위 파트너가 되거나 확고한 동맹이 될 가능성이 여전히 높지 않아 보이기 때문이다. 세 나라의 전략적 이해관계는 미·중 패권대결로 열린 공간을 활용해서 자신의 영향력을 확대하는 데 있을 뿐이다. 지금은 필요에 따라 중국과 관계를 개선해 나가고 있지만, 머지않은 미래에 또 다른 필요에 따라 다시 방향을 바꿀 가능성이 충분히 있다. 또한 아직 중국은 세 나라를 휘하에 묶어 낼 수 있을 만큼 충분히 강하지 못하다.

더 중요한 이유는 미국이 주도하는 서방 진영 내부의 모순이 결코 만만치 않다는 점이다. 트럼프의 '미국 우선주의'를 비판하며 '동맹복원'을 외쳤던 바이든의 정책은 우크라이나전쟁에 대한 공동 대응을 통해 나토의 단결을 회복하면서 성공한 듯 보인다. 그러나 바이든 행정부와 민주당은 (미국에서 반도체를 생산하고 10년 동안 중국투자를 포기해야 보조금을 주겠다는) '반도체지원법'과 (전기차와 배터리의 생산시설을 북미지역으로 이전해야만 보조금을 주겠다는) '인플레이션 감축법' 제정을 통해 트럼프 이상의 '미국 우선주의'를 실행했다. 심지어 미국 에너지 기업들이 러시아를 대신해 유럽에 가스를 수출하면서 엄청난 폭리를 취하는데도 바이든 행정부는 별다른 조치를 취하지 않고 있다. 이처럼 노골적으로 '동맹국들'의 뒤통수를 때리는 미국의 행보에 프랑스와 독일을 비롯한 유럽 국가들은 당연히 크게 반발하면서, 반도체법·탄소국경세·핵심원자재법 등의 맞불 보호주의 정책을 추진하고 있다.

그런데 이미 보호주의가 강력한 대세로 자리를 굳힌 미국 내 정치 상황과 점점 더 악화될 전반적인 경제상황은 앞으로도 미국이 당파를 초월해서 보호주의를 강화할 것임을 말해 준다. 그렇게 되면, 유럽 국가들은 더욱 적극적으로 맞불을 놓을 수밖에 없을 것이고, 미국이 주도하는 서방 진영은 심각한 균열에 맞닥뜨릴 수밖에 없을 것이다. 그러다 어느 시점이 되면 미국은 (특히 미·중 패권대결이 미국의 일방적 승리로 정리되는 상황이 아니라면) 더 이상 유럽의 열강들을 휘하에 묶어 둘 힘을 잃게 될 것이다.

그러므로 이후 세계질서는 한편으로 미국과 중국이 패권대결을 펼치지만 이와 별개로 여러 열강들이 보호주의에 입각해 독자노선을 추구하면서 다극 대립구도가 병행하는 양상으로 갈 가능성이 상당히 높아 보인다. 러시아·인도·사우디는 이미 세계질서 재편을 추구하는 적극적인 행위자로 나서고 있다. 여기에 프랑스나 독일 같은 유럽의 주요 국가들에서 보호주의가 맹렬히 확산하거나 극우 세력이 집권한다면, 주변 지역을 이끄는 맹주로 스스로를 재정립하면서 미국 패권에서 벗어나 독자노선으로 나아가는 중요한 분기점이 될 수 있다. 아직 경제력과 군사력이 강하지 않지만 지역의 맹주가 되고자 하는 야심을 숨기지 않는 튀르키예도 복병이 될 수 있다. (반면 한반도를 비롯한 동북아시아 지역에서는 지리정치적 조건 때문에 미·중 패권대결의 영향이 강력하게 미치면서 모든 나라가 그 구도 아래로 종속될 가능성이 높다.)

이처럼 미국과 중국의 패권대결에 덧붙여 여러 열강들이 보호주의에 입각해 각자 영향력 강화를 추구하는 다극 대결구도는 신자유주의·세계화·금융화를 가능케 했던 미국 유일 패권의 '단일한 세계질서'와는 상당히 다른 질서가 될 것이다. (만일 미국과 중국의 패권대결을 중심으로 각국이 결집하는 진영 간 대결구도로 재편된다 하더라도 역시 상당히 다른 질서가 될 것이다.) 제국주의 열강들 간의 충돌과 다양한 수준의 전쟁이 일상이 되고 나아가 점점 더 격화되는 격동의 시대가 될 것이기 때문이다.

2) 하이퍼인플레이션·금융대공황과 대규모 전쟁

만일 2008년 금융위기와 2020년 코로나19 팬데믹 위기 때, 각국 정부의 막대한 재정 투입과 중앙은행들의 제로금리·양적완화 정책이 시행되지 못했다면 어떤 일이 일어났을까? 그 결과는 거의 분명하다. 세계 경제는 (1930년대 대공황에 뒤지지 않는) 어마어마한 규모의 파산과 실업으로 가득 찬 폭발적인 대공황으로 진입했을 것이다.

그런데 2008년 금융위기 발발 이후 1년 동안 그리고 2020년 코로나19 팬데믹 위기 발발 이후 1년 동안, 미국의 소비자물가 상승률 평균치는 각각 -0.3%와 1.2%를 기록했다. 만일 이 수치가 7% 이상 또는 심지어 10%를 넘나드는 수준이었다면, 그래도 막대한 재정 투입과 제로금리·양적완화 정책이 가능했을까? 또는 우리가 경험한 것과 비슷한 효과를 거둘 수 있었을까? 간단치 않은 질문이다. 어쨌든 그런 상황이라면, 막대한 재정 투입과 제로금리·양적완화 정책이 결코 쉽지 않았을 것이다. 자칫하면 인플레이션에 불을 지를 수 있으니까. 그렇다고 하지 않을 수도 없었을 것이다. 아무것도 하지 않은 채 대공황으로 빨려 들어갈 수는 없으니까. 그러므로 아마 인플레이션에 불을 지르지는 않되 대공황은 차단해 낼 수 있는 어떤 기묘한 균형점을 찾아야만 했을 것이다. 그런 게 있다면 말이다.

그런데 만일 그와 같은 상황이 여러 차례에 걸쳐서 되풀이된다면, 그것도 점점 더 악화된 형태로 되풀이된다면 어떻게 될까? 한두 번은 그 기묘한 균형점을 요행히 찾아낼 수 있을지 모르겠지만, 계속해서 가능할까? 불가능하다면 무슨 일이 벌어질까? 하이퍼인플레이션? 금융대공황? 아니면 둘 다?

문제는 바로 그런 상황들이 우리 앞에 놓여 있을 가능성이 매우 높다는 점이다. 그 가능성은 두 가지 사실로부터 비롯된다. 첫째, (앞에서 설명한 것처럼) 이미 전 세계 주식·부동산 시장에 사상 초유의 거품이 조성돼 있어서 언제든 거대한 금융위기를 불러올 수 있는데, 그럼에도 불구하고 오늘날의 자본주의는 막대한 금융수탈을 끝없이 추구할 수밖에 없어서 계속해서 더욱 거대한 거품을 조성할 수밖에 없다는 사실이다. 둘째, 세계화를 대신해서 패권대결과 보호주의가 지배하게 될 새로운 세계질서는 인플레이션의 파고가 거듭해서 세계를 강타하도록 만들 수밖에 없다는 사실이다.

새로운 세계질서 아래서 패권대결과 보호주의 때문에 훨씬 더 자주 발생하게 될 제국주의 열강들 간의 충돌은 꼭 전쟁까지 나아가지 않더라도 세계적인 공급망을 거듭거듭 혼란 속으로 밀어 넣을 것이다. 나아가 공급망 자체가 경제 논리보다 패권대결·보호주의 논리에 의해 재편되도록 강제할 것이며, 이는 경제적으로는 상당한 추가 비용과 비효율성을 뜻하게 될 것이다.

패권대결과 보호주의를 세계화보다 앞세우는 새로운 세계질서의 논리는 사실 이미 작동하고 있다. 미국은 2022년 상당한 인플레이션에 시달리면서도 중국산 수입품에 대한 고율관세를 끝내 철회하지 않았다. 패권대결 일환으로 첨단반도체 공급망에서 중국을 배제하려 하며, 보호주의를 앞세워 미국에서 생산하는 기업들에만 대규모 보조금을 지급하려 한다. '가장 저렴한 곳에서 생산'한다는 세계화의 논리는 바로 그 세계화를 힘으로 관철하던 미국에 의해 적극적으로 부정되고 있다. 가장 저렴한 곳에서 생산함으로써 가능했던 장기적인 저물가를 대신해서 이제 '인플레이션과 함께 사는 시대'가 장기적인 경향으로 펼쳐질 수밖에 없는 것이다.

2022년, 미국 연준을 비롯한 주요국 중앙은행들은 인플레이션에 대응하기 위해 빠르게 금리를 인상했다. 미국 연준의 경우 2022년 3월부터 12월까지 7차례에 걸쳐 4.25%p의 금리를 인상했다. 그 결과 6월 9.1%로 정점을 찍었던 소비자물가상승률이 12월 7.1%까지 점진적으로 하락했다. 하지만 물가는 아직도 높고 연준은 2023년에도

미국 물가상승률과 연준실제금리

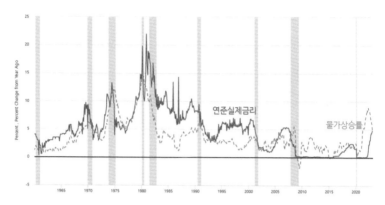

출처: 1960~2022년 FRED에서 작성.

1%p가량의 추가 금리 인상을 예고하고 있다. 어쨌든 그렇게 해서 이 번 인플레이션의 파고는 일단 잡혀 갈 수 있다. 그러나 이제부터 금리 인상이 부채부담 증가, 기업신용 경색, 가계소비 위축, 주식·부동산 가격 하락의 고리를 거쳐 초래할 경제침체의 파고를 겪어야 한다.

　다가오는 경제침체의 수준이 어느 정도일지는 아직 불분명하다. 미국 연준이 2004~2006년 금리를 4.25%p 인상하고 2년 뒤에 2008 년 금융위기가 발생한 점을 고려하면, 더 짧은 시기 동안 더 높은 금 리를 올리게 될 이번 금리 인상의 파고는 결코 작지 않을 수 있다. 실 제로 미국 GDP 대비 주식시장 시가총액은 2022년 3분기에 162.1% 를 기록함으로써 정점을 찍은 2021년 4분기 211.4%로부터 이미 49.3%p나 하락했다. (닷컴붕괴 때는 12분기 동안 69.8%p, 금융위기 때는 7분기 동안 68.1%p 하락했다.) 주식 못지않게 거대한 거품을 조성했던 미국 부동산 시장은 2022년 5월 정점을 찍은 뒤 아직은 소폭 하락한 상태인데, 향후 그 하락 폭과 속도가 어떻게 되는가 또한 미국을 넘어 세계적인 경제 상황에 큰 영향을 미칠 것이다. 한편 IMF에 따르면 가계·기업·국가를 망라하는 세계의 총부채가 2007년 195%에서 2020년 256%로 상승했는데, 이렇게 부채가 늘어난 만큼 금리 인상에 따른 부담과 파장도 클 수밖에 없다는 점은 다가오는 경제침체를 악화시키는 중요한 요인이 될 수 있다.

그런데 다른 측면에서 보자면, 이번에는 2008년 금융위기 때보다 잘 준비돼 있는 측면도 있다. 이를테면 미국은 2008년 금융위기 이후 거의 모든 주택담보 대출을 고정금리로 묶어 놓았는데, 이것은 금리 인상에 따른 부담을 완화하는 데 (적어도 미국 안에서는) 어느 정도 효과가 있을 것이다. 미국 금리 인상의 폭과 속도에 비해 과거와 달리 외환위기에 빠져든 국가가 아직까지 거의 없는 것은, 많은 국가들이 과거의 경험을 토대로 나름의 준비를 했기 때문이라는 분석도 있다. 그래서 2023년에 겪게 될 경제침체는 상대적으로 덜 심각할 것이라는 기대 섞인 전망들도 있다. (반면 근원물가가 40년 만에 최고치인 3.6%에 이르렀는데도 GDP 대비 266%라는 세계 최고 수준 국가부채 때문에 마이너스 기준금리를 유지하고 있는 일본, 그리고 거대한 부동산 거품 붕괴가 진행 중인 중국이 동아시아발 세계 경제 위기를 촉발할 것이라는 전망도 있다.)

2023년의 경제침체가 얼마나 심각한 것이든, 아마도 진짜 문제는 그다음일 수 있다. 이미 GDP 대비 국가부채가 세계 평균 100%에 이를 정도로 크게 누적돼 있다는 점 때문에, 또한 쉽사리 꺼지지 않는 인플레이션의 불씨 때문에, 막대한 재정 투입과 제로금리·양적완화를 통한 경기부양이 매우 어려울 수 있기 때문이다. 2023년의 경제침체는 그렇게 심각하지 않게 출발했지만, 각국 정부와 중앙은행이 경기부양 정책을 제대로 사용하지 못하면서 경제침체가 길게 늘어지고 점점 악화되다가 마침내 심각한 수준의 경제 위기로 넘어가는 시나리오도 충분히 상정해 볼 수 있다. 또는 무리해서 경기부양에 나섰지만, 그렇게 해서 다시 한번 거대한 거품을 부풀렸을 때 훨씬 빠르고 강력한 인플레이션이 덮치는 시나리오도 상정해 볼 수 있다.

어쨌든 지금 2023년 이후를 구체적으로 전망하는 것은 불가능하다. 실제로 사태가 전개되는 양상과 속도는 우리가 지금 알 수 없는 많은 변수에 의해 달라질 것이기 때문이다. 다만 그 추세만큼은 우리가 예견해 볼 수 있을 것이다. 세계 경제가 이러저러한 우여곡절을 거쳐 결국 하이퍼인플레이션이나 금융대공황 가운데 하나 또는 둘 다를 향해 나아갈 가능성이 매우 높다는 점 말이다.

그런데 자본주의가 그와 같은 파국적 상황에 이르렀을 때 자본가계급은 어떤 선택을 하려고 할까? 그런 상황에 이르렀을 때 자본가계급이 믿을 수 있는 가장 확실한 탈출구는, 어마어마한 대량파괴와 대량학살을 실행함으로써 자본주의가 1930년대 대공황으로부터 벗어나 어느 정도 원기를 회복할 수 있었던 제2차 세계대전의 역사적 경험일 것이다. 지구를 완전히 끝장낼 수 있는 가공할 핵무장 때문에 오늘날에는 그와 같은 장기간의 전면전이 쉽지 않을 테니, 자본가계급은 아마도 비슷한 효과를 낼 수 있는 다른 형태의 대규모 전쟁을 추진할 것이다. 자본주의 경제가 파국을 향해 치달아가는 동안 패권대결과 보호주의를 앞세우며 켜켜이 누적될 제국주의 열강들 간의 충돌은 그러한 전쟁을 위해 활용될 수 있는 충분한 계기와 명분을 자본가계급에게 제공할 것이다. 지극히 반동적인 그러한 전쟁을 반드시 관철해 내려면 노동자계급의 저항을 철저히 제압해야 할 것이고, 이를 위해 자본가계급은 많은 국가에서 파시즘 정권을 세워 내려 할 것이다.

3) 계급투쟁의 재건과 혁명적 전진을 향해

1980년대 이후 세계를 휩쓴 신자유주의·세계화·금융화는 기본적으로 1970년대 세계적인 노동자 투쟁의 분출을 잠재운 토대 위에서 전개됐다. 그러므로 2008년 금융위기 이전까지 세계 전반의 노동자 투쟁은 착취와 수탈이 상당히 강화됐는데도 오히려 과거 어느 때보다 심각한 침체에 빠져 있었다. (세계적인 차원에서 보자면 1980년대 후반부터 1990년대 초반까지 강력한 노동자 투쟁의 시대를 거쳤던 한국의 경험은 브라질·남아공 등과 함께 상당히 예외적인 사례에 속했다.)

하지만 2008년 금융위기는 노동자 투쟁의 양상에도 중요한 변화를 가져왔다. 전 세계 자본가계급이 금융위기에 따른 고통과 그 수

습비용을 노동자계급에게 전가하기 위해 엄청난 공세를 지속적으로 퍼부었기 때문이다. 금융위기의 파고 속에서 수많은 노동자·민중들이 금융수탈의 집중적인 피해자가 되어 집을 빼앗기거나 파산했다. 금융위기를 수습하기 위해 구제금융과 경기부양으로 천문학적인 재정을 투입한 각국 정부가 국가부채 폭증의 부담을 노동자들에게 전가하기 위해 공공부문 정리해고·임금삭감, 복지지출 축소, 연금 개악 등의 대규모 공세를 퍼부었다. 세계 곳곳의 민간 기업들도 금융위기에 따른 신용경색과 소비위축의 부담을 노동자들에게 전가하기 위해 대규모 구조조정에 나섰다. 또한 대불황 시기를 가로지르며, 노동권의 후퇴와 노동조합의 약화를 노린 노동법 개악이 꼬리를 물고 이어졌다. 1980년대 이후 확산돼 온 노동유연화를 한층 가속시켜 더욱 많은 수의 노동자들을 더욱 다양한 형태의 불안정 노동자로 전락시켰다.

자본가계급의 집요한 공세에 맞서, 또한 파탄 난 삶과 희망 없는 미래에 분노하며, 2010년 이후 노동자계급과 피억압 민중의 거센 반격이 세계 곳곳에서 전개돼 왔다. 2010~2012년에는 프랑스의 연금개악 반대파업, 아랍의 봄, 스페인의 '분노한 자들' 운동, 미국의 월가점령운동, 그리스의 긴축반대 총파업 등을 중심으로 세계 곳곳에서 노동자·민중 투쟁의 첫 번째 물결이 펼쳐졌다. 2018~2020년에는 프랑스의 노란조끼 시위, 홍콩의 민주화 투쟁, 칠레의 민중반란, 미국의 '흑인의 생명도 소중하다' 운동 등을 중심으로 두 번째 물결이 펼쳐졌다. 2022년에는 코로나19 팬데믹을 거치며 사회를 위해 진정으로 필수적인 존재라는 자부심을 갖게 된 노동자들이 인플레이션에 따른 생존권 박탈에 맞서 세계 곳곳에서 파상적인 임금 투쟁을 전개했다.

그리고 이제 세계 노동자계급은 경제침체와 경제 위기로 점철되다가 끝내는 하이퍼인플레이션이나 금융대공황 같은 파국을 향해 치달아갈 가능성이 매우 높은 시대, 또한 이와 맞물리며 패권대결과 보호주의를 앞세운 제국주의 열강들의 충돌이 거듭되다가 끝내는 대규모 전쟁을 향해 치달아 갈 가능성이 매우 높은 시대 앞에 서 있다. 앞으로 펼쳐질 '위기와 전쟁의 시대'는 세계 노동자계급을 극심한 고통과 절망으로 내몰 것이며, 이 암흑의 시대를 '혁명의 시대'로 뒤집어엎는 데에 노동자계급의 유일한 희망이 있을 것이다.

그렇다면 노동자계급은 자신의 투쟁과 운동을 어떻게 발전시켜 나가야 위기와 전쟁의 시대를 혁명의 시대로 뒤집어엎을 수 있을까? 나라마다 계급투쟁의 양상과 발전 정도에 차이가 많은 만큼 그 구체적인 답은 나라마다 달라질 수밖에 없을 것이다. 하지만 그 핵심적인 방향은 크게 다르지 않을 것이며, 그것을 우리는 특히 한국 노동자계급의 투쟁과 운동이 나아가야 할 방향이라는 관점에서 이렇게 요약해 볼 수 있을 것이다.

첫째, 계급적 요구를 전면에 내걸고 광범한 노동자대중이 역동적으로 참여하는 계급적 노동자 투쟁의 길을 열어야 한다. 대기업·공공부문 정규직 노동자들이든 중소영세 비정규직 노동자들이든 이제는 눈앞의 협소한 변화에만 몰두하는 조합주의를 과감하게 박차고 떨쳐 일어서야 한다. 전체 노동자계급의 운명을 덮치는 큰 그림을 직시하면서, 노동자계급 전체의 요구를 세워 내고 광범한 노동자대중을 끌어들이며 하나의 계급으로 뭉쳐 싸우는 법을 배워 나가야 한다.

둘째, 노동자계급이 구심에 서서 광범한 민중을 단결시켜 나가야 한다. 이를 위해 모든 사회적 억압과 차별에 맞선 투쟁, 기후재난과 환경파괴에 맞선 투쟁, 사회적 생존권과 민주적 기본권을 쟁취하기 위한 투쟁, 제국주의와 전쟁에 맞선 투쟁 등에서 노동자계급이 선두에 서야 한다. 특히 위기와 전쟁으로 치달을 자본주의 아래서 미래를 송두리째 빼앗기게 될 청년들이 노동자계급과 함께하는 투쟁 속에서 새로운 세상에 대한 간절한 희망을 찾을 수 있게 해야 한다.

셋째, 모든 자본가 세력에 대한 모든 어리석은 미련을 깨부수고 오직 노동자계급 자신의 단결 투쟁만을 믿는 '노동자계급 독립성'을 확고하게 발전시켜 나가야 한다. 또한 노동자 투쟁의 재건과 계급적·정치적 전진, 나아가 혁명적 도약을 헌신적으로 주도해 나갈 수 있는 혁명적 노동자정치운동을 강력하게 발전시켜 나가야 한다.

다가오는 파국의 고통과 절멸의 위험으로부터 노동자계급과 인류를 구할 수 있는 유일한 길은 결국 세계적인 노동자혁명을 통한 사회주의 건설에 있을 것이다. 노동자계급이 국가·작업장·사회의 실질적인 주인이 되어 민주적 계획경제와 생산자 자주관리를 결합시키는 사회주의 세계체제를 건설함으로써만 자본주의에서 끝없이 되풀이

돼 온 착취와 억압과 차별을 그리고 빈곤과 야만과 전쟁을 끝장내고
새로운 세상으로 나아갈 수 있을 것이다.

2부

한국
노동운동의
과제

1장

심화하는
자본주의 체제의 균열

1) 위기가 심화하는 자본주의

IMF(2.7%, 2022.10.), WB(1.7%, 2023.01.), OECD(2.2%, 2022.09.) 등 세계 주요 경제 기관들이 모두 2023년 세계 경제성장률을 낮춰 잡으며 본격적 침체를 전망했다. 2000~2021년 세계 경제성장률 평균치가 3.6%임을 감안할 때, 또한 2021년 세계 경제성장률이 6%를 기록했음을 감안할 때 급속한 침체 양상이다. IMF가 전망한 미국, 유로존, 중국의 2023년 성장률 전망치는 각각 1.0%, 0.5%, 4.4%로 전망 시기에 따라 추세적으로 하강하는 형국이며 하락 폭도 가파르다.

2022년 10월, IMF가 세계 기업들을 대상으로 거시경제 위험 요인을 조사한 결과 코로나19 지속가능성, 인플레이션 장기화 위험, 러시아-우크라이나전쟁 장기화 위험, 통화긴축 지속에 따른 글로벌 경기침체 가능성, 달러화 가치상승에 따른 신흥국 물가불안 심화 위험, 글로벌 공급망 재편 과정에서 발생하는 공급 차질 등이 주요 위험 요인으로 꼽혔다.

돌이켜 보자. 2020년 이후 신차 출고가 지연되면서 그에 상응해 중고차 가격이 폭등했다. 아직도 이어지고 있는 반도체 공급 차질을 촉발한 것은 트럼프 정부의 대중(對中) 반도체기업 제재였다. 트럼프 정부는 SMIC, 화웨이 등 중국의 주요 반도체기업을 '국가안보'를 명분으로 미국은 물론 동맹국 시장에서도 퇴출시켰으며 이는 반도체 공급망 위기, 그리고 오늘의 반도체 공급망 재구축 전쟁으로 이어지고 있다.

2021년, 주로 농업용, 산업용으로 쓰이고 디젤 차량에 넣는 '요소수'를 전 국민에게 각인시킨 요소수 부족 사태는 중국과 호주의 무역분쟁에서 비롯되었다. 그리고 그 무역분쟁을 촉발한 것은 안보분쟁이다. 2020년 중국은 호주가 쿼드(QUAD, 미국·일본·호주·인도 4자안보대화)에 가입하자 호주산 석탄 수입을 금지했고, 호주산 석탄이 끊기자 중국은 전기 부족 사태에 직면했다. 석탄은 물론이고 석탄에서 요소를 추출하는 데 필요한 전력도 부족해진 중국은 자국 요소 수출을 금지했고, 그 결과가 한국의 요소수 부족 사태로 이어졌다. 이러한 공급망 위기는 단지 전쟁이 만든 것이 아니다. 전쟁은 자본주의 전반에서 심화하던 위기의 발현이었을 따름이다.

신자유주의 시대에 본격화된 세계화는 전 세계를 긴밀한 공급망으로 통합했다. 이른바 GVC 즉, 지구적 가치사슬을 통해 자본주의 열강들은 자국 물가를 낮게 제어할 수 있었고, 이를 통해 자국 노동자들의 임금을 정체시키거나 하락시키면서도 대중적 분노의 폭발을 제어할 수 있었다. 그 과정에서 가장 중요했던 요소가 바로 중국의 시장 개방과 세계 자본주의체제로의 긴밀한 결합이다.

중국은 2001년 WTO에 가입한 이후 값싼 공급의 중심으로서 세계 자본주의의 견인차 역할을 해 왔고, 이는 미국의 전략에 따른 것이기도 했다. 즉, 미국은 중국의 개방을 유도하며 "중국의 개방은 미국과 그 우방에게 경제적 이익을 가져다줄 뿐 아니라 중국의 '민주화'를 촉진할 수 있다"고 계산했다. 실로 미국 주도 단극 자본주의체제에 대한 낙관이 넘치던 시기였다. 2000년 3월 9일, 당시 미국 빌 클린턴 대통령은 중국의 WTO 가입을 지지하며 WTO 가입 시 최혜국 대우를 보장하는 미중무역법[1] 통과를 공개적으로 촉구하며 다음과 같이 말했다.[2]

"이 협정이 중국 외부로부터 가져올 변화도 아주 특별합니다만, 중국 내부로부터 촉발할 변화에 비하면 아무것도 아니라고 생각합니다. WTO 가입으로, 중국은 단지 우리 제품을 더 많이 수입하는 데 동의하는 것이 아닙니다. 중국은 민주주의의 가장 소중한 가치 중 하나인 경제적 자유를 수입하는 데 동의하는 것입니다. 중국이 경제를 더 많이 자유화할수록, 중국 인민의 잠재력, 즉 창의력, 상상력, 놀라운 기업 정신이 더 완전히 해방될 것입니다. 그리고 각자 꿈꾸는 것은 물론 그 꿈을 실현할 힘을 가질 때, 중국인들은 큰 발언권을 요구할 것입니다."

그렇게 중국과 미국의 '호혜적 관계'가 형성되었다. 미국은 생산 비용을 낮췄고, 중국은 자본을 축적했다. WTO라는 자유무역의 첨병을 통해, 또한 해외직접투자(FDI)를 통해 공급망은 국경을 넘어 통합되어 갔다.

---

1 미중관계법(US-China Relations Act of 2000), 혹은 미중무역법(China Trade Bill)
2 https://archive.nytimes.com/www.nytimes.com/library/world/asia/030900clinton-china-text.html

복합 GVC 네트워크 현황

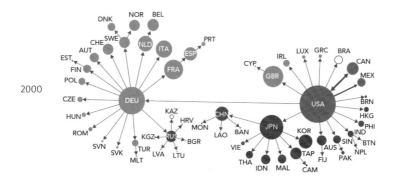

2000

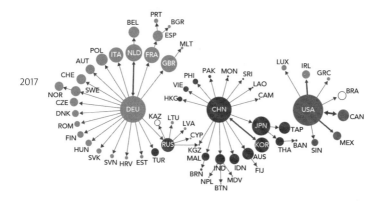

2017

과거 GVC 중심에 미국, 일본, 독일이 있었면 이제 미국, 중국, 독일이 있다.

출처: https://www.wto.org/english/res_e/booksp_e/gvc_dev_report_2019_e.pdf

이것이 미국을 비롯한 주요 자본주의 선진국이 성장하면서도 노동계급의 저임금과 저물가를 동시에 유지할 수 있던 배경이다. 클린턴 정부 당시 호황기에도 미국은 저물가를 유지했다. 아래는 미국의 1960~2021년 물가 추이다. 신자유주의 본격화 후 장기 저물가 경향을 확인할 수 있다.

1960~2021년 미국 CPI 인플레이션 추이

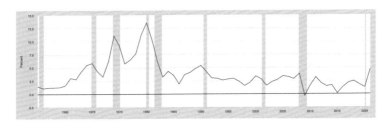

출처: https://fred.stlouisfed.org/series/FPCPITOTLZGUSA#

이런 상황을 끝낸 것이 바로 2008년 발발한 위기다. 바로 그런 의미에서, 2008년은 신자유주의체제의 균열이 시작함을 알리는 신호탄이었다. 1970년대 후반, 신자유주의는 자본주의의 위기관리체제로서 등장했다. 그리고 신자유주의 본격화 이래 40년이 흐른 후, 2008년에 나타난 위기는 위기관리체제 자체가 위기에 부딪혔음을 드러냈다. 다음의 두 그래프는 각각 1970년 이후 세계 각국의 해외직접투

해외직접투자 순유입액(GDP 대비)

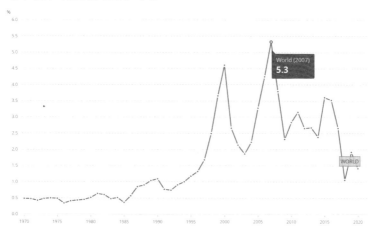

출처: https://data.worldbank.org/indicator/BX.KLT.DINV.WD.GD.ZS?end=2020&start=1970
&view=chart

GVC 참여율(위 생산 기반, 아래 무역 기반)

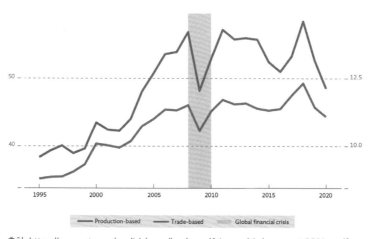

출처: https://www.wto.org/english/res_e/booksp_e/04_gvc_ch1_dev_report_2021_e.pdf

자 추이[3]와 1995년 이후 글로벌 밸류체인 참여율 추이[4]다. FDI의 경우 2007년을 정점으로 하락세가 완연하고, GVC의 경우 1995년부터 2008년까지 맹렬한 상승기 당시의 흐름을 회복하지 못한 채 추세적으로 하강하는 형국이다. 이는 세계화가 균열하고 있음을 나타낸다.

이러한 인플레이션의 기저에는 기존 질서의 균열이 있다. 그 균열의 심화가 전쟁을 불렀다. 전쟁을 봉합한다고 해도 새로운 축적체제 구축까지는 갈 길이 멀다. 신자유주의는 소멸했는가? 소멸하기 시작했다. 새로운 질서가 형성되고 있는가? 러시아-우크라이나전쟁과 대만을 둘러싼 미중의 마찰에서 드러나듯, 열강은 균열의 심화 속에서 질서의 재구축을 향한 격렬한 분쟁으로 치닫고 있다. 그람시의 말마따나 "위기는 정확히 말하면, 낡은 것이 소멸해 가고 있는데 새로운 것이 태어날 수 없다는 사실에 놓여 있다. 이러한 인터레그넘[5]에는 극히 다양한 병리적 증상들이 출현하게 된다."

심화하는 쟁투를 표현하는 한 단면이 WTO 분쟁 건수다. WTO 제소는 '협의 요청(request for consultations)'을 통해 시작된다. 아래 협의 요청 건수 추이는 각국 무역분쟁이 WTO를 매개로 이루어지다가, 급기야 WTO 자체가 무용지물이 되고 있음을 드러낸다. 2008년 이후 국가 간 무역분쟁은 추세적으로 증가하고 있다. 즉, 몇 년 전까지

---

3 https://data.worldbank.org/indicator/BX.KLT.DINV.WD.GD.ZS?end=2020&start=1970&view=chart

4 https://www.wto.org/english/res_e/booksp_e/04_gvc_ch1_dev_report_2021_e.pdf

5 왕이 죽은 후 새로운 왕이 즉위하기까지의 궐위기

만 해도 세계 각국은 그 속내가 어떠했건 아직 WTO라는 자유무역체제의 틀 내에서 싸워 왔다는 것이다.

그러나 '보조금 지급과 비관세 장벽으로 자유무역 질서를 위배했다'며 상대방을 제소하던 각국(상대방을 가장 많이 제소하던 미국이다)은 어느새 명분으로나마 유지하던 '자유무역체제 수호'마저 벗어던졌다. 그 결과 제소 자체가 급감하고 있다. 어느새 껍데기만 남은 자유무역체제의 폐기, 그 선봉에 선 것이 미국이다.

트럼프는 2018년 이후 중국과 한국 등이 개도국 지위를 악용해 불공정 무역을 하고 있고, WTO가 이를 제재하지 않는다는 이유로 '미국 우선'을 외치며 보복관세조치로 무역 전쟁에 불을 붙이는 한편 탈퇴를 거론하며 WTO를 압박했다. 바이든 정부는 한발 더 나아가 자국에서 생산된 상품에만 보조금을 주겠다고, 중국산 부품이 없어야 보조금을 주겠다며 WTO를 완전히 무력화했다. 미국 정부가 노골적 보호주의에 나서도 어지간한 선진국이 아닌 이상 무역 상대국들이 미국을 불공정무역으로 제소할 수도 없고, 설사 제소한다고 해도 미국이 만든 WTO가 미국을 징계할 수도 없다. 2022년 12월 9일, WTO는 트럼프 정부 시절 외국산 철강·알루미늄 관세를 규정 위반으로 판정했으나 미국 무역대표부(USTR)는 '안보 문제'라며 이를 수용하지 않겠다고 반박했다.

1995~2021년 WTO 협의 요청 건수 추이

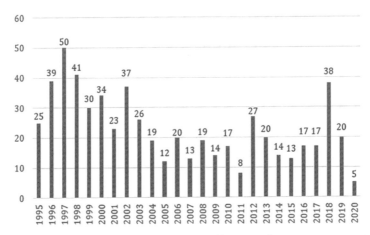

출처: https://www.wto.org/english/tratop_e/dispu_e/dispustats_e.htm

2) 미국 주도 금리 인상의 맥락과 효과

1982년 이후 가장 빠른 속도로 인플레이션이 치솟자, 미국은 1986년 이후 가장 급격한 금리 인상에 나서고 있다. 그럼에도 불구하고 인플레이션은 역사적 고점을 기록하고 있으며 단기간에 진정되기 어려운 모습을 보이고 있다. 연준의 금리 인상은 미중관계를 복원하고 공급망을 재건할 수도, 러시아-우크라이나전쟁을 끝낼 수도, 에너지와 식량 공급을 늘릴 수도 없다. 물론 미국 정부와 연준 정책 결정자들 역시 이를 잘 알고 있다.

그렇다면 연준은 왜 금리를 올리는가? 우선 수요를 누르기 위해서다. 2006년부터 2014년까지 연방준비위원회 의장으로 재임하며 전면적 신용완화 정책을 펼친 벤 버냉키는 현 국면 금리 인상에 대해 다음과 같이 말한다.

"오늘날, 공급 측면에서 오는 힘들이 실제로 중요하다. 이미 언급한 지구적 에너지 및 식량 가격 상승뿐 아니라, 공급망 파열과 같은 팬데믹 관련 제약도 마찬가지다. 불행하게도 연준은 이러한 공급 측면 문제에 대해 거의 할 수 있는 일이 없다.

그렇지만 오늘날의 통화 정책 입안자들은 우리가 공급 제약이 언젠가 완화될 때까지 기다리는 동안 연준이 수요의 성장을 둔화시켜 인플레이션을 낮추는 데 기여할 수 있음을 이해하고 있다. 그들은 또한 과거의 교훈에 근거해 인플레이션 통제에 필요한 조치를 취하여 경제와 노동 시장이 미래에 훨씬 더 심각한 불안정을 피하도록 도울 수 있음을 이해한다."[6]

현재 미국 경제에는 여전히 실업자 1인당 일자리 2개가 있다. 그리고 미국이 공격적 금리 인상에 나설 수 있는 이유 중 하나가 바로 미국 고용 시장이 2001년 이후 가장 높은 노동력 수요 초과 양상을 보이고 있기 때문이다. 다음 그래프 중 두 번째는 2020년 코로나19 유행 이후 미국 실질임금 감소, 즉 불안정노동 확대를 드러낸다. 첫

---

6 벤 버냉키, <Inflation Isn't Going to Bring Back the 1970s>, 2022.06.16. NYT

미국 비농업 부문 노동 시장 채용공고 추이(2000.12.01.~2022.09.01.)

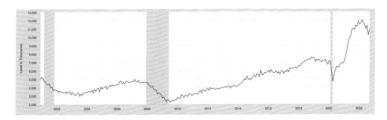

출처: https://fred.stlouisfed.org/series/JTSJOL

미국 정규직 노동자 주당 실질중위임금 추이(1979.~2022.07.01.)

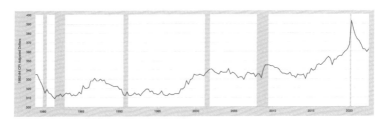

출처: https://fred.stlouisfed.org/series/LES1252881600Q

번째 그래프와 종합하면, 충분한 임금이 보장되지 않는다면 차라리 일자리를 구하지 않겠다는 미국 노동자들이 늘어나고 있음을 드러내는 것이기도 하다. 이런 상황은 '대사직(great resignation)'으로 명명된 바 있다. 그리고 이런 상황은 미국 노동운동 활성화의 한 조건이기도 하다.

좀비기업 비율

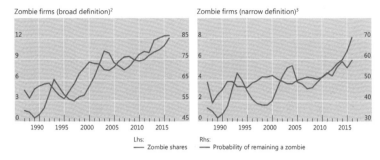

좀비기업이 계속 좀비기업으로 남을 수 있는 확률도 계속 증가했다.

출처: https://www.bis.org/publ/qtrpdf/r_qt1809g.htm

둘째, 한계기업을 구조조정하기 위해서다.[7] 2018년 국제결제은행 (BIS)의 14개 국가 대상 조사 결과, '좀비기업'은 1980년대 말부터 늘기 시작했다. 좀비기업 비중은 당시 평균 2%에서 2016년 12%로 높아졌다. 2008년 터진 금융위기는 그 가속화의 변곡점이 됐다. OECD 역시 주요국 좀비기업이 2000년대 중반 이후 급격히 늘었다고 지적한 바 있다.

한계기업은 1980년보다 훨씬 많이 늘었고, 더 오래 연명할 수 있다. 국가가 이를 가능케 했기 때문이다. 상응하는 지표로서 미국과 유럽 모두에서 노동생산성(≒1인당 자본축적)은 장기 정체하거나 하락

---

7 일례로 《파이낸셜 타임스》 2022년 8월 11일자 <Why the Fed is to blame for the boom in zombie companies>의 경우 다음과 같이 구조조정을 주문한다. "통화 조건을 완화함으로써, 연준은 수많은 기업을 좀비화하고 생산성 향상을 지체시켰을 뿐만 아니라, 인플레이션 상승을 부추겼다. 지금이야말로 좀비기업 먹여 살리기를 중단하고 전통적인 정책으로 돌아갈 때다."

미국 제조업 1인당 실질생산성 추이

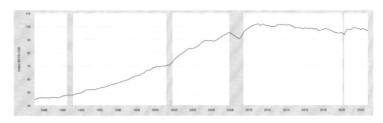

출처: https://fred.stlouisfed.org/series/OPHMFG#

하고 있다.

결국 현 이자율 인상은 대중에게 위기의 비용을 전가하는 과정이
자, 한계기업 구조조정 성격을 가진다. 또 하나의 효과는 미국 주도
금리 인상이 인플레이션의 충격을 타국에 전가한다는 것이다. 소위
'인플레이션 수출'이다. 아래 그래프에서 드러나듯, 개도국·선진국
가릴 것 없이 제반 국가 통화 가치가 하락하고 있다. 이는 2008년 이

2022년 1~7월 개도국 통화 가치 하락 비율

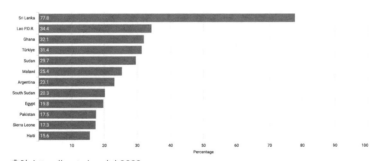

출처: https://unctad.org/tdr2022

2021년 12월 31일~2022년 9월 G20 국가 통화 가치 변동

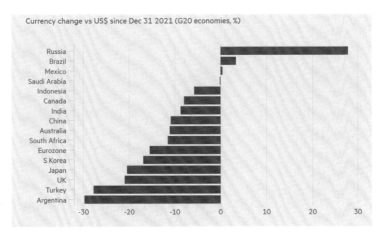

출처: https://www.ft.com/content/daf5c774-fb7f-4ef3-a4ba-c92e3b373066

후 노골화하는 근린궁핍화(beggar thy neighbor) 전략의 현 국면 전개
양상 중 하나다.

즉 에너지 가격, 상품 가격, 식량 가격 등 인플레이션이 가속화하
는 지금, 달러 강세는 미국의 수입 가격을 낮추거나 오직 달러로 거래
되는 석유를 포함해 달러로 통상하는 다른 모든 국가의 물가 인상 요
인으로 작용한다. 특히 대외의존도가 높고 달러 표시 부채가 많은 국
가, 저발전 국가는 증가하는 이자 부담과 자국 통화 가치 폭락으로 더
욱 심각한 인플레이션에 직면할 공산이 크다. 각국 인플레이션 양상
을 살펴보면 다음과 같다.

2011~2022년 미국 CPI 인플레이션 항목별 기여도

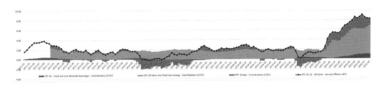

에너지·식량 수출국답게 근원 인플레이션 비중이 높고, 점차 에너지·식량 가격 비중이 커지는 형국이다.

출처: https://www.oecd.org/sdd/prices-ppp/OECD-CPI-Contributions-to-inflation-selected-components-historical-series.xlsx

2011~2022년 독일 CPI 인플레이션 항목별 기여도

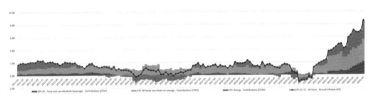

근원 인플레이션에 더해 유럽의 에너지 위기가 심각해지고 있다.

출처: https://www.oecd.org/sdd/prices-ppp/OECD-CPI-Contributions-to-inflation-selected-components-historical-series.xlsx

2011~2022년 그리스 CPI 인플레이션 항목별 기여도

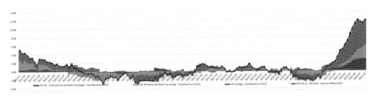

에너지 위기에 더해 식량 위기가 고조하고 있다.

출처: https://www.oecd.org/sdd/prices-ppp/OECD-CPI-Contributions-to-inflation-selected-components-historical-series.xlsx

2011~2022년 멕시코 CPI 인플레이션 항목별 기여도

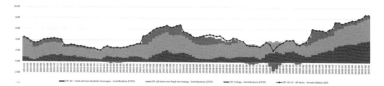

식량 위기가 더욱 심각해지고 있다.

출처: https://www.oecd.org/sdd/prices-ppp/OECD-CPI-Contributions-to-inflation-selected-components-historical-series.xlsx

상당수 국가가 식량·에너지 위기에 시달리는 지금, 미국 주도 이자율 인상과 강달러 정책은 위기에 대응하는 미국의 패권주의를 그대로 드러낸다. 미국도 금리 인상이 신흥국과 개도국에 가져올 고통을 안다. 미국은 고통을 타국으로 전가할 수 있기 때문에, 인플레이션을 수출할 수 있기 때문에 지금과 같이 행동하고 있다. 즉, 미국은 세계 자본주의 질서의 '헤게모니 국가'보다, 위기를 타국으로 전가할 수 있는 능력을 거리낌 없이 휘두르는 '패권국'으로 기능하고 있다. 이는 자본주의 세계질서의 균열을 반증한다.

3) '아메리카 퍼스트'와 '바이 아메리칸'

2008년 위기의 산물인 G20 정상회의가 가장 많이 우려한 것이 바로 보호무역 심화였고, 매년 정상회담을 마치며 발표한 공동선언에 빼놓지 않고 포함한 것이 바로 '보호주의 반대와 자유무역 수호'

였다. 다음은 각각 2010년 서울 G20 정상회의 선언문, 2016년 항저우 정상회의 선언문이다.

"2008년 이후 우리는 세계 경제의 도전 과제와 이에 대한 대응책 그리고 보호주의 배격에 대해 공통의 관점을 공유함으로써 위기의 근본 원인에 대응하고 회복세를 지킬 수 있었다. 우리는 오늘 이러한 새로운 도전 과제에 직면하여 위기 이후 강하고 지속가능한 균형성장의 경로로 나아가기 위해 공통의 관점을 더욱 발전시켜 나가기로 하였다."

"우리는 개방적 세계 경제를 구축하고, 보호주의를 배격하며, 다자간 무역체제 강화 등으로 국제 교역과 투자를 촉진하고, 국제 경제 안에서의 더 넓은 성장에 대한 대중적 지지를 획득하며, 또한 국제경제 안에서의 폭넓은 기회를 보장하기 위해 더욱 노력할 것이다."

2008년 위기 발발 후 14년이 흐른 2022년, 자본주의는 자신이 가장 우려하던 곳에 당도했다. 미국 우선을 내세운 트럼프 정부 등장이 우연이 아닌 것과 마찬가지로, 바이든 당선 당시 '다자주의 부활'이라는 예측은 전혀 근거가 없었다. 트럼프가 '미국 우선(america first)' 슬로건을 내세우며 본격화한 보호주의는 바이든 정부에서도 '국산 우선(buy american)'으로 유지되고 있음은 물론 오히려 노골화하는 형국이다. 2022년 3월 1일 미국 대통령 연두교서를 살펴보자.

"항공모함 갑판에서 고속도로 가드레일 철강재에 이르기까지 모든 미국 제품을 구입할 것입니다. (…) 인플레이션에 대항하는 한 가지 방법은 임금을 낮추고, 미국인을 더 가난하게 하는 것입니다. 그러나 나는 인플레이션과 싸우는 더 좋은 계획을 가지고 있습니다. 임금을 낮추는 것이 아니라 비용을 낮추는 것입니다. 미국에서 더 많은 자동차와 반도체를 만듭시다. 미국에서 더욱더 인프라를 정비하고 혁신을 일으킵시다. 미국에서 더 빠르고 싸게 움직이는 사물을 늘립시다. 미국에서 충분히 살 수 있는 일을 늘려 봅시다. 그리고 해외 공급망에 의존하지 않고 미국에서 만들어 봅시다."

'항공모함 갑판부터 고속도로 가드레일 철강재까지 모두 미국산을 구입하자', '더 많은 차와 반도체를 미국에서 만들자'는 말이 미국 대통령 입에서 나오고 있다. 2008년 이전에는 상상하기 어려웠을 풍경이다. 무역 상대국을 자유무역협정 위반이라며 WTO에 제소하고, 보조금 지급에 대해 상계관세(countervailing duties, anti-subsidy duties)를 부과하고 '상품이 국경을 넘지 못하면, 군인이 국경을 넘게 된다'며 자유무역을 설파하고 강제해 온 미국은 지금 노골적 보호주의로 기운 지 오래다.

2018년 트럼프 정부는 중국산 수입품에 보복관세를 부과하면서 무역 전쟁을 시작했다. 지금, 바이든 정부는 중국에 반도체 기술 수출을 금지하고 있으며 미국 반도체기업에 수천억 달러에 달하는 보조금 지급계획을 세웠다. 이런 기조는 '반도체 과학법'은 물론 '인프라 투자법', '인플레이션 감축법'에서 그대로 관철되고 있다. 3개 법안의 개요는 아래와 같다.

	반도체 과학법	인프라 투자법	인플레이션 감축법
목적	미국 반도체산업 발전과 기술적 우위 유지	사회기반시설 개선 등	청정에너지 차량 및 재생에너지 투자 등 기후변화 대처
내용	• 미국 내 반도체시설 건설 지원 390억 달러 • 연구개발·인력양성 132억 달러 • 미국에 반도체 공장을 짓는 기업에 25% 세액공제 • 향후 10년간 반도체 관련 과학 연구에 2,000억 달러 투자 • 지원금 수혜기업의 비우호국 신규투자 제한	• 도로, 교량 등 주요 건설사업 1,100억 달러 • 전력 인프라와 청정에너지 수송 730억 달러 • 철도 660억 달러 • 교통현대화와 접근성 개선 390억 달러 • 전기차 충전소 건설 지원금 75억 달러	• 2030년까지 온실가스 배출량 2005년 대비 40% 감축 3,750억 달러 • 전기차 보급 위해 일정 요건 중고차에 최대 4,000달러, 신차 7,500달러 2023년부터 10년간 지급 • 전기차 배터리 및 핵심 광물 40% 이상이 미국 생산인 경우 보조금 규정

자유무역 시대의 첨병, WTO는 무력화되었다. 오프쇼어링에서 리쇼어링으로, 이제 미국은 '프렌드쇼어링(friend-shoring)'으로. '동맹국과만 무역하며, 적과 무역하는 동맹국은 징벌한다'는 보호주의를 노

미-중 관세율 추이

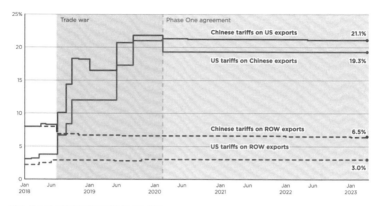

양국 상호 관세율은 20%가량으로 치솟았다.

출처: https://www.piie.com/research/piie-charts/us-china-trade-war-tariffs-date-chart

2008년 이후 무역액 비중 감소

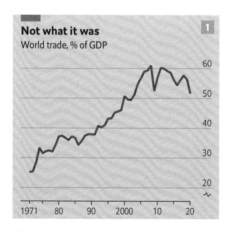

출처: https://www.economist.com/briefing/2022/06/16/the-structure-of-the-worlds-supply-chains-is-changing

골화하고 있으며, 그 과정에서조차 동맹국을 쥐어짜고 있다. 이런 흐름은 트럼프가 나타나면서 갑자기 등장한 것이 아니다. 이는 2008년 이후 일관된 흐름이다. 2008년 위기는 우리가 알던 세계의 균열과 위기의 본격화를 촉발한 계기였다. 그리고 현 위기는 해결되지 못한 2008년 위기의 연장선에서 격화하고 있다.

2장

조각나는 세계, 위기의 한국 자본주의

1) 우크라이나에서 벌어지는 열강의 대리전

러시아와 우크라이나의 전쟁은 우리가 사는 세계의 본질을 여실히 드러냈다. 2008년을 기점으로 세계화의 쇠퇴와 함께 지정학적 갈등이 격화하고 있고, 그 지정학적 갈등은 언제라도 전쟁으로 비화할 수 있는 상황이다. 러시아와 우크라이나의 전쟁은 제국주의 대리전 양상을 강화하고, 장기화하고 있음은 물론 2023년에도 쉽게 끝나리라 전망하기 어렵다.

2022년 11월, 전황을 유리하게 이끌어 가던 우크라이나가 제시한 종전 조건은 다음 10가지다. △핵 안전 △식량안보 △에너지안보 △포로 석방 △유엔헌장 이행 △러시아군 철수와 적대행위 중단 △정의 회복 △환경파괴 대처 △긴장고조 예방 △종전 공고화다. 우크라이나는 9월 러시아가 자국 영토로 편입한 동부 도네츠크·루한스크, 남부 자포리자·헤르손 4개 지역은 물론 2014년 병합한 크림반도까지 돌려주어야 전쟁을 끝낼 수 있다는 입장이다.

초기 예상과 달리 러시아가 고전하고 있다고 해도 아직 패전을 인정하기는 어렵다. 무엇보다 러시아는 우크라이나가 종전 조건으로 내건 크림반도의 포기를 받아들이기 힘들다. 크림반도는 지중해로 나가는 유일한 창구이자 흑해함대의 주둔지인 부동항 세바스토폴 항구가 위치한다는 점에서, 러시아에게 포기할 수 없는 전략 거점이기 때문이다. 2014년 러시아의 크림반도 점령 당시, 러시아는 세바스토폴 항구를 임대해 흑해함대를 주둔시키고 있었으며, 유로마이단으로 우크라이나 친러 정부가 무너지자 크림반도 병합의 길을 택했다.

나아가, 우크라이나가 실제 크림반도로 진격할 경우 러시아의 핵무기 사용이 압박을 넘어 현실화할 위험을 감수해야 한다는 점에서 미국과 유럽연합에게도 큰 부담이다.[8] 당장 전쟁을 쉽게 끝낼 수 있는 방법이 보이지 않는다. 개전 직후 폭락했던 루블화 가치가 오히려 전쟁 전보다 오르는 등, 서구의 제재는 러시아 경제를 무너뜨리지 못하고 있다. 또한 미국과 유럽의 대 러시아 동맹 역시 균열적이다. 유럽은 미국이 대 러시아 제재 과정에서 폭등한 에너지 수출로 전쟁 폭리를 취한다며 불만을 토로하고 있으며, 이 와중에 인플레이션 감축법으로 자국 산업을 부양하는 행보에 문제제기하고 있다. 그리고 겨울, 러시아는 에너지 자원을 무기로 또 한 번의 공세를 준비하고 있다.

2) 전쟁과 에너지 위기 속 균열하는 유럽

(1) 유럽의 균열, "조국이 먼저다"

러시아-우크라이나전쟁에 따른 서방의 제재로 러시아가 유럽으로 향하는 천연가스 공급을 차단했다. 10월 26일에는 러시아-독일 간 노르트스트림 1, 2 가스관이 폭발하는 사고가 발생했다. 통상 동절기에 가스 수요가 증가했다는 점, 독일의 가격 경쟁력이 저렴한 천연가

---

8 "Go Slow on Crimea - Why Ukraine Should Not Rush to Retake the Peninsula", Foreign Affairs, 2022.12.07.

스에 근거했다는 점으로 독일의 위기감이 심화했다.[9]

독일 다수 여론은 러시아-우크라이나전쟁을 반대해 왔으나, 현재는 러시아와 타협해서라도 천연가스를 다시 확보해야 한다는 목소리가 제기되고 있다. 지난 2022년 9월, 기민당(CDU)의 프리드리히 메르츠(Friedrich Merz) 당수는 한 TV 인터뷰에서 "우크라이나 난민들이 독일 사회보장제도를 교묘히 이용해 사회보장관광을 하고 있다"고 언급했다. 나아가 극우 독일대안당(AfD)은 '조국이 먼저다'라는 구호를 앞세우며 러시아 제재 해제를 촉구하는 집회를 개최했는데, 1만 명 이상의 독일 시민이 합류했다.

2022년 9월 말, 독일 정부가 에너지기업 국유화를 추진하고 자국 에너지산업 보조금으로 2,000억 유로(한화 280조 원) 예산을 추가 편성하자 EU 회원국들은 즉각 반발했다. 에너지산업 보조금이 독일만이 아닌 EU 공동 에너지 정책에 사용되어야 한다는 이유 때문이었다. 독일로부터 가스를 수입하는 EU 회원국들은 독일만이 아닌 EU 전체 가스 가격 상한선을 제안하고 있으나 독일은 이를 거부했다.

(2) 에너지 위기에 심화하는 기후 위기

에너지 위기에 따른 자국 중심 공급망 재편은 세계적인 추세다. 우크라이나전쟁은 에너지를 러시아 같은 '잠재적 적대 국가가 될 수

---

9 로이터 통신에 따르면 급등한 가스 값을 감당하지 못해, 2022년 8월 현재 독일 718개 중소기업이 도산 위기 상태다.

있는 인접국(potentially hostile neighbours)'에 의존하는 것이 얼마나 위험한 것인지 드러냈다. 또한 재생에너지는 장기적인 투자가 필요하므로 당장의 위기 해소에 적합하지 않다는 판단이 우세하다. 그 결과 각국은 화석연료로 회귀하고 있다. 일본과 네덜란드 등 각국은 석탄발전소 신규 건설, 재개방, 폐쇄 연기 등 탄소저감에 역행하는 정책을 추진 중이며 이번 COP27에 3만 5,000명이 참석했는데, 그중 600명 이상이 화석연료기업 관련자인 것으로 드러났다.

핵발전 또한 대안으로 부상하고 있다. 국제원자력기구(IAEA) 의장 라파엘 그로시(Rafael Grossi)는 COP27에 참석해 "원자력은 기후 위기 해결책의 하나"라고 발언하며, 탄소중립 실현과 에너지안보에 핵발전의 필요를 역설했으며, 이후 중국 COP 대표단과 환경부 차관이 만나 원전사업을 논의했다. 당면한 에너지 위기 속에 이른바 '그린워싱' 조차 얼마나 유지될 수 있을지 불투명하다.

파리기후협약에서 확인한 '1.5도 원칙'도 위험하다. 온실가스 배출 제한이 자국 산업을 위축시킬 수 있다고 판단하는 중국은 1.5도 원칙 반대를 천명했으며 COP27 합의문 채택과 무관하게 온실가스 배출 증가 가능성은 높다. 실제 2022년 전 세계 이산화물 배출량은 전년 대비 0.8% 증가한 40.5기가톤으로, 2019년에 이어 역대 두 번째 최다 배출을 기록했다.

COP27 최대 현안이었던 기후 위기 피해국 '손실과 피해' 보상기금도 마찬가지다. 미국 중간선거에서 공화당 승리 시 폐기될 것이라는 전망이 우세했으며, 민주당이 승리한 이후에도 미국 내 반대는 여전하다. 손실과 피해 기금 마련을 위해서는 선진국이 매년 2조 달러의 재정을 지출해야 하기 때문이다.

3) 대만을 둘러싼 미중 긴장은 무엇을 말하는가

남중국해는 미국의 인도-태평양 전략과 중국의 일대일로 구상이 충돌하는 지역이다. 즉, 남중국해는 중국과 미국 모두에게 중요하며 그 핵심 중 하나는 '적의 위협으로부터 안전한 무역로 확보'다. 미국에 따르면, "아시아 태평양 지역에서의 미국경제 이익의 중요성에는 심대한 안보적, 군사적 함의가 있다. 지역을 오가는 물동량이 증가하는 가운데, 아라비아해에서 태평양 동쪽 끝까지 자유로운 항해를 유지하는 것이 중요해졌다. 이것은 남중국해 영토분쟁 해결에 대한 미국의 관심, 그에 대한 설명 중 하나다."[10]

미국 국방부 "인도-태평양 전략보고서(Indo-Pacific Strategy Report)"는 미국 국방부 입장에서 가장 우선순위가 높은 지역으로 인도-태평양 지역을 주목하며 '자유롭고 열린 인도-태평양 질서에 대한 최대의 도전 국가'로 중국을 지목한다.

남중국해와 대만을 둘러싼 미중 갈등이 본격화한 것은 2008년

---

10 <태평양 회귀? 오바마 정부의 아시아 재균형 전략>, 미 의회조사국 보고서, 2012.03.28.

이후다. 오바마 정부는 소위 '아시아 회귀(Pivot to Asia)', 혹은 '전략적 재균형(rebalancing)'이라는 동북아 정책을 폈다. 미국은 대외 정책 중심축을 중동에서 동아시아로 옮겨 왔고, 이는 중국의 부상에 대한 미국의 응답이었다.[11] 대중국 포위 전략은 오바마-트럼프-바이든으로 정부 모두에서 일관되게 유지·확대되고 있다. 미국·일본·호주·인도 안보협의체(QUAD), 미국·영국·호주 안보협력체(AUKUS), 그리고 인도·태평양 경제프레임워크(IPEF) 등 미국의 대 중국 포위와 견제는 전방위적이다. 중국 역시 일대일로(一帶一路) 국제協力을 강화하고, 중국·북한·러시아 3국협력을 강화하고 있으며, 이란과도 '전면협력협정'을 체결하는 등 봉쇄에 대응하고 있다. 이미 중국의 GDP는 미국의 70% 수준까지 다다랐다. 참고로 플라자합의로 미국이 일본을 찍어 누를 당시, 일본 GDP는 미국의 40% 수준이었다.

미 해군의 '항행의 자유작전'[12] 남중국해 실시 횟수도 늘어 가는 추세다. 특히, 최근 대만해협을 둘러싼 미중 갈등 격화는 무역로 확보(하루 평균 화물선 약 600~800척, 여객기 900~1,200대가 대만해협을 통과한다)에 더해 반도체 공급망 구축과 직결되어 있다.

---

11 미국은 태평양에서 미국 패권을 유지하기 위해 중국 견제를 강화하기 시작했고 이는 정치-군사적 측면에서는 이라크·아프간 철군, 한·미·일 군사동맹 강화, 경제적 측면에서는 환태평양경제동반자협정(TPP) 추진을 동반하는 전략적 과정이었다(중국이 추진한 AIIB는 그에 대한 대응이었다). 이 과정에서 한·일이 미사일방어(MD)체제에 편입했고, 일본이 미국의 용인 아래 평화헌법 무력화와 전쟁 가능 국가로의 전환을 추진했으며, 한·일 군사정보보호협정이 타결되었고, 한·일 일본군 위안부 협상이 타결되었다. 이 모든 것이 미국의 '아시아 회귀' 과정에서 벌어진 일들이다.

12 대만해협을 둘러싼 미국(그리고 대만), 중국의 주장을 잘 드러내는데, 미국에게 대만해협은 '공해'이며 자유항행 지역이나 중국에게 대만해협은 '내해'이며 이는 통과통항 지역이다. 미 해군은 공해라는 주장에 따라 사전 통보 없이 대만해협을 통과한다.

미국은 중국을 반도체 공급망에서 배제하자며 미국-대만-일본-한국의 '칩4동맹'을 제안했다. 이중 미국에게 가장 중요한 기지가 대만이다. 전 세계 반도체 위탁생산량의 절반을 넘게 차지하는 '대만반도체제조회사', 즉 TSMC의 거의 모든 생산시설은 대만에, 그것도 중국과 마주한 해안선을 따라 배치되어 있기 때문이다. 중국이 대만을 침공해 TSMC를 장악하거나[13] 해군력으로 대만해협을 봉쇄할 경우 세계의 산업생산 자체가 막힌다. 대만해협을 둘러싼 갈등은 갈수록 고조하고 있고 언제라도 전쟁으로 번질 수 있으며, 이는 미중의 직접 대립으로 치달을 수 있다. 이는 우크라이나전쟁보다 훨씬 큰 폭풍을 낳을 수 있다.

2022년 10월 열린 중국공산당 20차 당 대회에서 시진핑은 "대만 통일은 반드시 실현할 것이고, 또 실현될 것", "대만에 대한 무력 사용을 절대 포기하지 않을 것이며 모든 필요한 조치를 취하는 것도 선택지로 남겨둘 것"이라고 말했다. 대만 무력 통일을 언급한 것이다. 펠로시 하원의장의 대만 방문에 대응해 중국은 3일간의 대만 포위 훈련을 단행했다. 그 결과 대만의 항공 노선과 항구 기능이 제약받으면서 국가 기능이 일시적으로 마비되는 상황이 발생했다. 유사시 미 군

---

13 바로 이런 이유로 대만은 TSMC를 실리콘 방패라 칭해 왔다. 즉, TSMC 때문에라도 미국이 중국으로부터 대만을 지키지 않을 수 없다는 것이다. 정반대의 예측도 나온다. 2022년 10월 7일 블룸버그는 미 행정부 관계자를 인용해 "우크라이나 전쟁 이후 대만에 대한 미국의 비상계획이 강화됐다"며 "미국은 중국이 대만을 침공해 TSMC 점령을 시도하는 '최악의 경우' 반도체 인력들을 철수시키는 방안도 검토 중"이라고 보도했다. 중국에 넘겨주기보다는 파괴하는 '초토화 전략' 주장까지 나오고 있다는 것이다.

사력 등 지원 병력의 유입을 차단하면서 대만을 봉쇄하는 통일 전쟁 예행연습의 목적을 지니는 있음을 시사하는 대목이다.[14]

미국 역시 수위를 높여 가는 형국이다. 2022년 5월, 8월, 9월, 바이든은 '중국의 전례 없는 공격이 발생할 경우 대만을 군사적으로 방어할 것'이라고 거듭 발언했다. 미국이 견지해온 '전략적 모호성' 정책이 사실상 변경된 것이라는 해석이 나오는 이유다. 현재 미국 상원에는 대만을 사실상 주권국가로 인정하는 대만정책법이 계류되어 있는데, 대만을 한국과 같은 비(非) 북대서양조약기구(NATO) 주요 동맹국으로 지정하고, 대만 국방역량 강화에 4년 동안 약 45억 달러 지원 내용을 포함하고 있다.

4) 한반도, 미국과 중국 사이 고조하는 전쟁 위기

지금, 대만을 둘러싼 미중의 군사적 충돌은 한반도를 전쟁의 참화로 이끌 수 있다. 2021년 5월 한미 공동성명을 살펴보자.

"한국과 미국은 규범에 기반한 국제 질서를 저해, 불안정 또는 위협하는 모든 행위를 반대하며, 포용적이고 자유롭고 개방적인 인도·태평양 지역을 유지할 것을 약속하였다. 우리는 남중국해 및 여타 지역에서 평화와 안정, 합법적이고 방해받지 않는 상업 및 항행상공비행

---

14 강석율, <펠로시發 대만해협 위기와 정책적 시사점>, 세종연구소《정세와 정책》, 2022년 9월호.

의 자유를 포함한 국제법 존중을 유지하기로 약속하였다. 바이든 대통령과 문재인 대통령은 대만해협에서의 평화와 안정 유지의 중요성을 강조하였다."

위기가 격화하는 지금, '남중국해에서의 항행의 자유', '대만해협의 평화와 안정' 등의 문구를 한미동맹 관계에서 늘상 나올 수 있는 문구로 해석해서는 안 된다. 해당 문구는 '미중 분쟁이 격화할 경우 한국 역시 우방으로서 미국을 도와야 한다'는 미국의 요구를 반영하며, 제국주의 열강의 이해관계에 따라 한반도 전쟁 위기가 고조함을 드러낸다.

2021년 4월 미일 정상회담 공동선언문에도 '대만해협의 평화와 안정' 문구가 삽입되었다. 미일 정상 간 공동성명서에 대만 문제가 거론된 것은 1969년 사토-닉슨의 미일 정상회담 이후 52년 만이다. 2022년 5월 한미 정상회담 공동선언 역시 다시 대만 문제를 언급했다. "양 정상은 인도-태평양 지역 안보 및 번영의 핵심 요소로서 대만해협에서의 평화와 안정 유지의 중요성을 강조하였다. 인도-태평양 지역의 인권 상황에 관한 상호 우려를 공유하면서, 양 정상은 전 세계에서 인권과 법치를 증진하기로 약속하였다." 이런 상황은 한미일-북중러 블록의 투쟁이 격화하고 있음을 드러낸다.

한반도에는 2만 8,500명의 미군이 있다. 제주에 해군기지가, 상주에 사드기지가 들어섰다. 그리고 용산에서 평택으로 옮겨 간 미군기지는 아시아 최대 규모이자 중국과 가장 가까운 미군기지다. 이때 상기해야 할 계기가 2006년 1월 워싱턴 한·미 외무장관 전략 대화 공동성명에서 발표된 주한미군의 '전략적 유연성' 합의다.

"반기문 장관과 라이스 장관은 주한미군의 전략적 유연성 문제에 관하여 양국 정부의 양해 사항을 아래와 같이 확인하였다. 한국은 동맹국으로서 미국의 세계 군사 전략 변화의 논리를 충분히 이해하고 주한미군의 전략적 유연성의 필요성을 존중한다. 전략적 유연성의 이행에 있어서 미국은 한국이 한국민의 의지와 관계없이 동북아 지역 분쟁에 개입되는 일은 없을 것이라는 한국의 입장을 존중한다."

외교적 단서 조항을 달았으나 그 본질은 명확하다. 주한미군은 유사시 중국으로 배치될 수 있다. 그리고 한국은 자신의 의지와 무관하게 동북아 지역 분쟁으로 휩쓸릴 수 있다.

최근 횟수와 강도를 더해 가는 한미연합 군사훈련은 고조하는 미-중 대립에 기인하는 동북아 긴장이라는 토대 위에 있다. 2022년 9월 말 한미연합해상훈련, 한·미·일 연합대잠훈련, 10월 초 한·미·일 연합훈련, 10월 하순 호국훈련, 10월 말~11월 초 한미연합공중훈련 비질런트 스톰, 11월 초 태극연습 등 50여 일 동안 거의 쉬지 않고 군사훈련 진행했다. 한미일 연합대잠훈련, 일본 해상자위대 관함식 참가 등 대북핵억제를 명분으로 한일군사협력을 본격화하고 있다. 미국의 전략 목표인 반중 군사 대응을 위한 한미일 군사동맹체제의 현실화로 나아가고 있다.

북한 역시 북중러동맹의 한 축으로서 극렬히 반발하고 있다. 북한은 2022년 11월까지 63회 미사일을 발사했는데, 2021년의 2.5배에 달하는 횟수다. 격화하는 미중 분쟁은 한반도를 전쟁터로 만들 수 있다. 균열하는 자본주의, 그 한복판에 한국이 있다.

5) 침체하는 한국 경제

한국 경제는 고물가, 고금리, 고환율 러시아-우크라이나전쟁, 미중 갈등 등 많은 위험에 노출되어 있다. 이런 상황에서 주요 기관들은 모두 1~2%대 경제성장률 전망치를 내놓고 있다. IMF 2.0%, OECD 1.8%, 한국은행 1.7% KDI 1.8%, 산업연구원 1.9% 등 여러 기관들이 1% 후반에서 2% 초반의 낮은 성장률 전망치를 내놓고 있다. 씨티 1.0%, 바클레이즈 1.3%, 골드만삭스와 JP모건 1.4% 등 9개 투자은행들의 전망치는 1.4%에 불과하며 노무라는 -0.7% 전망까지 내놓았다.

침체하는 한국 경제, 그 핵심에 국제교역량 둔화와 동반 침체에 기인하는 수출 감소가 있다. 유가와 원자재가 상승을 주원인으로, 2022년 누적 적자액은 472억 달러에 달한다. 2022년 4월 이후 9개월 연속 적자를 기록했음은 물론, 대 중국 수출 감소와 반도체 가격 하락으로 10월 이후 수출 절대량마저 감소하고 있다. 대외의존도가 높은 한국 경제의 취약성이 그대로 드러나고 있는 것이다. 특히 한국

의 대 중국 수출 비중은 25% 가량으로 대 미국·일본·유럽 수출량과
비슷한 상황에서, 미중 분쟁과 보호무역 발호는 한국 경제를 더 취약
하게 만들고 있다.

중국 GDP 1% 감소 시 국가별 GDP 감소 추이

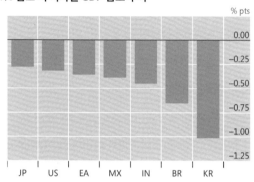

출처: BIS, <BIS annual economic report 2022>.

무역적자 누적 추이

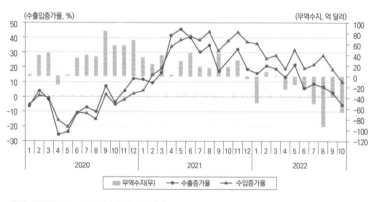

출처: 산업연구원, <2023년 경제 산업전망>, 2022.11.21.

1998년 외환위기 후 최대로 치솟은 제조업 재고율

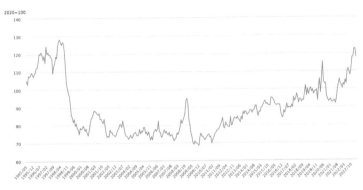

출처: 한국은행 통계시스템, https://ecos.bok.or.kr/#/

2023년 현재 제조업 재고율은 반도체 등 정보기술 업종을 중심으로 크게 높아지면서 1998년 외환위기 후 최고치(124.3%, 2022년 7월)를 기록하고 있다. 이는 상품 판매가 둔화되고 있다는 뜻이자, 기업들이 신규 설비투자를 늘리기보다 기존 재고를 활용해 불확실성에 대응할 것임을 시사[15]한다. 또한 고용 한파와 구조조정이 오고 있다.

6) 거대한 부채, 고금리의 충격

고금리 충격도 기업 전반의 부실 위험을 키우고 있다. 2022년 12월 15일 한국은행에 따르면 2022년 3분기 기준 국내기업 평균 부채 비율은 92.6%로 2016년 2분기 이후 최고치를 기록했다. 이런 상황

---

15 산업연구원, <2023년 경제·산업 전망>.

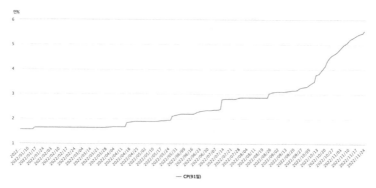
출처: 한국은행 통계시스템, https://ecos.bok.or.kr/#/

속에서 금리 인상과 함께 기업 자금줄이 마르고 있다. 사실 이런 상황에 대해 한국 자본주의가 할 수 있는 일은 별로 없다. 이창용 한국은행 총재의 말마따나, "한국은행이 정부로부터는 독립적이지만 연준으로부터는 독립적이지 않"기 때문이다.

특히, 부동산 부채집중도가 높은 상황에서 현 국면 부동산 시장 하락은 거대한 위기로 이어질 수 있다. 레고랜드 사태가 그토록 큰 파장을 일으킬 수 있었던 이유도 치솟는 채권금리가 프로젝트 파이낸싱(PF) 시장 전체의 위기로 번질 수 있기 때문이다. 정부가 부동산 시장을 떠받치려 안간힘 쓰는 이유도 이 때문이다. 아래는 2021년 말 기준 산업별 대출집중도다.[16] 대출집중도는 해당 산업·업종의 규모

---

16 <금리 인상의 시대, 부채 점검 :(2부) 기업부채>, 삼일PwC 경영연구소, 2022.10.

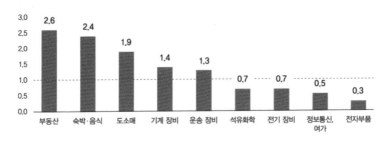

출처: https://www.pwc.com/kr/ko/insights/insight-flash/macro-hot-issue-corporate-debt.
html

대비 은행부채의 비율을 나타내는 개념으로, 부동산업이 가장 높다.[17]

가계부채는 더 심각하다. 초저금리 시기에 집값을 중심으로 형성된 가계 자산 거품은 한국 경제 뇌관 중 하나다. 한국 변동금리 주택담보 대출비율은 60% 이상으로 세계에서 4번째로 높다.

현재 가파른 자산 가격 하락은 전 세계적 현상이다. 양적완화-제로금리 시기 가파르게 상승한 주택 가격은 급강하하고 있으며, 국제금융협회(IIF)의 세계부채보고서에 따르면 2022년 6월 말 한국의 GDP 대비 가계부채비율은 102.2%로 35개 조사 대상 주요국 가운데 1위였다. 이자부담 증가에 따른 소비위축, 가계파산 우려도 커지고 있다.

---

17 <2016~2020년 신규 주택담보 대출 누적치 통계>, BIS, 2022. 미국의 경우 정부가 보조금으로 우대금리 등을 지원하는 30년 만기 고정금리 담보 대출이 일반적이며 변동금리 담보 대출자는 거의 없다.

7) 단시간 불안정노동과 궁핍의 확대

불안정노동체제가 확산하고 있다. 2022년 11월 통계청이 발표한 2022년 10월 고용동향에 따르면 36시간 미만 취업자는 1,429만 9,000명으로 전년 동월 대비 345만 9,000명(31.9%) 증가했지만, 36시간 이상 취업자는 1,373만 2,000명으로 279만 4,000명(-16.9%) 감소했다. 주당 평균 취업시간은 35.8시간으로 전년 동월 대비 1.6시간 감소했는데, 제조업(-2.6시간), 도소매·숙박음식점업(-1.7시간), 건설업(-1.4시간) 제반 산업 부문에서 단시간 불안정 일자리가 증가하고 있음을 알 수 있다.

또한 가구소득이 감소하고 있다. 2022년 11월 17일 통계청이 발표한 3분기 가계동향조사에 따르면 실질가계소득이 감소하고 있는데, 특히 소득 하위 20% 가구는 처분가능소득의 절반 가량을 식비에 썼을 정도다. 특히 가계 이자비용 증가율은 가팔라, 전년 동기 대비 무려 18.7% 상승한 상황이다. 2022년 9월까지 시중은행이 기록한 기록적 이자 수익 40조 원은 동전의 양면이다.

8) 노동유연화와 규제완화, 위기에 대응하는 자본의 요구

자본은 현 국면에서 일관되게 유연화를 요구해 왔다. 2022년 4월 전경련이 상위 500대 기업의 인사·노무 실무자를 대상으로 '가장 우선적으로 다루어야 할 노동 현안'을 조사한 결과 '근로시간 유연화'가 27.9%로 가장 많이 꼽혔고, 그다음으로 24%의 '중대재해기업처벌법 보완'이 꼽혔다. 이어 6월, 전경련은 고용노동부에 '근로시간 유연화를 위한 제도 개선방안 건의서'를 제출했다. 그 항목들은 △탄력적·선택적 근로시간제 개선 △특별연장근로 인가사유 확대 △고소득·전문직 근로시간 규제 면제제도 도입 △재량근로시간제 개선 △근로시간계좌제 도입 등으로 구성된다. 이는 △탄력적 근로시간제 단위기간 현행 최대 6개월에서 1년으로 확대 △선택적 근로시간제도 최대 1년으로 확대, 단위기간 연장 시 직무·부서단위 근로자 대표 서면합의 등 제도 도입 절차완화 등으로 구성된다. △특별연장근로 인가사유 확대도 제안했는데, '신기술·신상품 연구개발', '경영상 사정 또는 업무 특성 등으로 한시적 주 12시간 초과 연장근로가 필요한 경우'를 추가했다.

2022년 8월 21일 경총은 규제혁신과제 120개를 정부에 전달했는데, 그 주요 항목은 △전기차산업 지원 △연구개발 분야 특별연장근로 인가범위 확대 △재량근로 대상 업무 확대 등을 포함한다. 대한상의가 2022년 7월 발표한 요구 역시 △신산업 지원 △중대재해처벌법 적용완화 △직무성과급제 확대 △특별연장근로 사유 확대 등 노동시간 유연화로 대동소이하다.

3장

2023년 정부 경제 정책 방향 비판

정부도 상황이 심각함을 잘 안다. 12월 21일 정부는 '2023년 경제 정책 방향'을 발표하며 2023년 경제성장률을 1.6%라는 유례없이 낮은 수치로 전망했다. 2022년 6월 발표한 '새정부 경제 정책 방향'이 제시한 성장률 전망치가 2.5%였음을 감안하면 경기침체 속도는 실로 가파르다.

보호무역 확대와 주요국 경기위축 본격화라는 구조적 조건에 대해 정권이 할 수 있는 일은 별로 없다. 그저 자본의 이윤축적을 지원하고, 노동자 민중을 쥐어짤 수 있을 뿐이다. 2023년 경제 정책 방향에서도 국가는 자본을 위해 가능한 모든 조치를 취할 것임을 숨기지 않는다. 정부는 △거시경제 안정관리 △민생경제 회복 지원 △민간 중심 활력제고 △미래 대비 체질 개선의 4대 방향 아래 △노동시간과 임금유연화 △기업규제완화 △부동산 시장 부양 △전기-가스요금 인상안 등을 담고 있다.

1) 노동 개혁: 이윤축적의 불확실성에 대응한 노동유연화와 노조무력화 공세 개시

화물연대 파업 종료 3일 뒤인 2022년 12월 12일, 미래노동시장 연구회는 노동개악 권고문을 발표했다. 그 내용은 △연장근로시간 관리단위 월, 분기, 연단위로 개편 △탄력적 근로시간제 사용자 재량권 확대 △근로시간 유연제 도입 시 부분근로자대표제 활성화 △근로시간 저축계좌제 도입 △근로시간 적용제외 규정 현실화, 고소득 전문직 적용 제외 △취업규칙 변경 동의주체와 절차 개선 △업종별 임금 체계 개편 지원, 공정한 평가 및 보상을 위한 직무 중심 인사와 임금 체계 관리 △상생임금위원회 설치 △직무별 시장임금 정보제공 시스템 구축 등을 망라한다.

12월 13일 대통령과 12월 16일 노동부 장관의 신속한 추진 입장 발표에 이어, 12월 21일 발표한 2023년 경제 정책 방향에도 법개정 추진 일정을 명기했음은 물론 2023년 1월 1일 신년사에서도 수출 확대 방안 등과 함께 최우선 과제로 '노동 개혁'과 '노사 법치주의'를 강조했다.

2023년 경제 정책 방향에 따르면 △노동시간 유연화 상반기 법제화 △임금구조 유연화 지속 추진 △'이중구조 개선안' 하반기 마련 일정에 따라 노동 개악이 추진된다.

[노동개혁] 근로시간 · 임금체계 개편 구체화 및 이중구조 개선 추진

- **(근로시간)** 연장근로 등 제도 유연화와 건강권 보호 강화 병행, 노무비, 인프라 구축비 등을 지원하여 근무유연화 분위기 확산
- '미래노동시장 연구회' 권고안 기반으로 경사노위 등 사회적 대화를 거쳐 근로시간 개편안 마련 · 입법 추진('23.上)
- **(임금체계)** 직무별 임금 정보 인프라 구축, (가칭)상생형 임금위원회 신설 등 직무 성과 중심 임금체계 확산 노력 지속
- **(이중구조)** 고용형태 · 기업규모 등에 따른 노동 시장 격차 완화, 보호 사각지대 해소 등에 대한 '포괄적 개혁 논의' 착수
  * 경사노위 등 통해 이중구조 개선 위한 사회적 대화 → 개선안 마련 추진('23.下)
- 원하청 상생모델 확산, 동일가치노동 동일임금 원칙하 파견제도 개편, 다양한 고용형태를 포괄하는 노동법제 마련 등 추진

이와 같은 과제 상당수에는 아래와 같이 법 개정이 필요하다.[18] 여소야대 상황을 감안할 때, 정부와 자본은 민주노조운동, 특히 대기업·공공기관 노동조합을 '경제 위기를 가속하는 반시장 불공정 집단'으로 몰며 현장에 선제적 공세를 취하는 한편, 법안 통과를 위한 관제 고지를 점하고자 할 공산이 높다.

윤석열 정부 노동 개혁 과제

주제	내용	관련 법
근로시간	연장근로시간 관리단위 '주→월·년 등' 변경	근로기준법 개정(53조)
	선택적 근로시간제 정산기간 확대	근로기준법 개정(52조)
	탄력적 근로시간제 실요성 제고 방안	근로기준법 개정(51조)
	근로자 부분대표제 도입	근로기준법에 조항 신설
	근로자 저축계좌제 도입	근로기준법 개정(57조)
	근로시간 및 휴게규정 명확화	근로기준법 개정(54조)
임금체계	임금체계 개편 연동 고령자 계속 고용	고령자고용법 개정 또는 신규 입법
추가 과제	파견제도 전반 개선	파견법 개정
	파견과 도급 개념 불확실성 정리	파견법 개정
	통상임금, 주휴수당 제도 개선	근로기준법 개정 및 조항 신설
노조회계 투명성	노조회계 공시제도 도입	노동조합법 개정

출처:《한겨레》, <협치 멈춰섰는데... '노동개혁' 법률 개정안 줄줄이 던지는 정부>, 2023.01.13., https://www.hani.co.kr/arti/society/labor/1074164.html

---

18 《한겨레》, 2023.01.03. https://www.hani.co.kr/arti/society/labor/1074164.html

2) 민간 중심 활력제고: 수출 지원과 자유무역협정 확대, 세제 지원과 규제완화로 자본경쟁력 제고

정부는 각자도생의 원리를 강조하면서도 자본에 대해서는 국가적으로 지원한다는 입장이다. 무역수지 적자가 쌓이는 상황에서, 정부는 대자본 중심으로 수출 확대를 지원하고 사우디와 인도네시아 등 해외 건설 수주를 돕는 한편, 무역금융을 360조 원으로 확대해 자본의 환율변동, 고금리, 지정학불안에 따른 공급망 위기 대응을 지원한다는 계획이다. 또한 디스플레이를 국가 전략 기술로 신규 지정하고, 에너지 전략 관련 핵심 기술 등을 신성장 원천 기술에 추가 검토하며, 이에 역대 최대 수준인 총 50조 원 규모 시설투자 자금을 지원한다고 한다. 원전과 방위산업 수출 확대 지원책 등, 자본주의 위기에 조응하는 수출 확대 프로그램 역시 빼놓지 않았다. 이윤축적을 위한 세지지원 계획으로, 기업투자 증가분에 대한 세액공제율을 현 3%, 4%에서 10%로 일괄 상향한다고 발표했다.

자유무역 확대도 주목할 만한 방향이다. IPEF, CPTPP 등 미국 주도 경제협력체·협정 참여, 중동·중남미·아프리카 등 신흥국 FTA 체결, 기존 FTA 개선 등으로 수출 저변을 확대하고 자본의 해외 진출을 지원한다는 계획이다.

'기업의 자유'를 위한 규제완화 방안은 그 주된 수혜자가 재벌총수일가다. 정부는 현행 대기업집단 공시제도를 완화해 대규모 내부거래에 대한 공시기준금액을 올리고, 공시 주기는 연 1회로 한정한다는 계획이다. 기업결합심사를 완화해 인수합병 시 독과점 우려에 대해 기업의 자율시정방안 마련을 허용하고, M&A 신고면제를 확대한다는 입장이다. 대기업 내부자 거래와 계열사 재편이 총수일가가 애용하는 경영권 승계수단임을 감안할 때, 이는 노골적인 재벌 소원수리다.

3) 부동산 시장 연착륙: 투기 세력을 부양하는 정부

부동산 시장 침체가 장기 침체로 이어질 수 있다는 불안에 따라, 정부는 다주택자 지원으로 부동산 시장 연착륙을 의도한다. 이에 따라 4주택자 취득세를 현 12%에서 6%로, 3주택자 취득세를 8%에서 4%로 인하하고, 양도세 중과 배제를 2024년 5월까지 연장하고, 현재 금지되어 있는 규제 지역 다주택자 주택담보 대출을 허용해 다주택자도 집값의 30%까지 주택담보 대출을 받을 수 있도록 한다. 이에 더해, 2023년 1월 국토부가 발표한 업무추진계획은 강남 3구와 용산구를 제외한 수도권 전 지역 부동산 규제 지역 해제, 중도금 대출한도 폐지, 실거주의무 폐지를 추가로 발표했다.

4) 전기-가스요금 현실화: 에너지 위기를 대중에게 전가하며 에너지 민영화의 가교를 놓는 정부

에너지 위기는 국제적이며, 이는 30조 원에 달하는 한전의 적자, 10조 원에 달하는 가스공사의 적자로 나타나고 있다. 현재 형식적으로나마 한전과 가스공사가 '공기업'으로 남아 있어 에너지 가격 인상이 제어되는 상황에서, 최소한의 국가책임조차 방기하고 대중에게 고통을 전가하겠다는 선언과 다름없다.

전기요금 인상이 필요하다면, 그 인상분은 자본이 져야 한다. 즉, 노동자 민중이 사용하는 일반용-주택용 전기료가 아니라 산업용 전기료를 인상해야 한다. 자본은 값싼 산업용 전기료를 통해 이윤을 늘려 왔다. 2021년 기준 전기 사용량은 산업용 55%, 일반용 22% 그리고 주택용 15%다. 전체 사용량의 절반 이상을 산업용 전기가 차지한다. 판매단가도 일반용과 주택용보다 싸다. 산업용 판매단가(105.48원/kWh)를 주택용 단가(109.16원/kWh)로 적용하면 자본가들은 1조 721억 원을 더 지불해야 한다. 평균단가(108.11원/kWh)를 적용해도 7,662억 원 더 내야 한다. 다시 말해 자본가들은 가만히 앉아서 값싼 전기료만으로 엄청난 이윤을 올리고 있는 것이다.[19]

최근 산업부와 한전이 국회에 제출한 2023년 전기요금 인상 적정액은 kWh당 51.6원이다. 2022년 전기료는 이미 세 차례(4월, 7월, 10월)에 걸쳐 총 19.3원 인상되었다. 2022년 평균 판매가 127.3원을 기준으로, 2023년 51.6원이 그대로 오를 경우 전기요금은 178.9원으로 내년에만 40.5%, 2021년 대비 65% 인상되는 셈이다. 이런 요금 폭등이 2026년까지 매해 반복된다. 전기요금 인상은 대중의 고통을 가중하

---

19 이재백, "전력산업의 정상화? 자본가들이 내는 값싼 전기요금부터 정상화해야 한다!", 2022.08.15.

자본주의 시대전환과 한국 노동운동

는 계기이자, 민자발전의 이윤을 확대하는 조치이며, 자본의 숙원 중 하나인 에너지 민영화로 가는 가교다. 정부는 공공 부문 시장화·민영화에 속도를 내고 있다.

5) 심화하는 위기, 정부에게는 노동탄압 이외에 마땅한 수단이 없다

윤석열 정부는 화물연대 파업 진압 이후 민주노조운동에 대한 전면 공세를 이어 가고 있다. 그렇지 않아도 보수 내부에서조차 확고한 지지를 얻지 못한 채 30%대 지지율을 기록하던 차, 조기 레임덕으로 이어질 수 있는 상황에서 노동조합을 찍어 눌러 강경보수층을 결집해 정권의 통제력을 강화하겠다는 의도다. 그러나 노동운동을 전면 탄압하는 지금에도 윤석열 정부의 토대는 취약하다. 당장 전면화하는 위기 앞에 대응할 물질적 자원은 물론, 인적 자원조차 부족하다.

무엇보다 윤석열 정부에게는 현 위기에 대응할 정책수단이 많지 않다. 문재인 정권의 '혁신성장'이 박근혜 정부 '창조경제'의 반복이라고 비판받았다면, 윤석열 정부의 '민간주도 성장'은 이를 더욱 조악한 형태로 내세웠을 뿐이다. 대외 정책 측면에서는 중국이 '경제적 나토'라고 부르는 인도태평양경제프레임워크(IPEF)와 중국자본 견제를 위한 칩4동맹 가입 등으로 미국을 추종하고 있으나 이는 미국·일본·유럽과의 무역액을 모두 합한 규모와 비슷한 중국과의 통상 갈등을 키울 수밖에 없다.[20] 미국 역시 노골적 자국산업 보호에 나선 지금, 한국 자본주의는 풍전등화 상황이다.

노동운동탄압과 노동시간·임금유연화를 통한 지지율 반등은 한계적이다. 그 한계에도 불구하고 위기에 대응할 다른 수단이 없기에, 정부는 노동탄압을 이어 갈 수밖에 없다.

6) '공정한 사회질서 확립', 민주당 정부가 만든 무기를 활용해 공세를 강화하는 윤석열 정권

화물연대 파업 진압과 미래노동시장연구회 노동개악 권고안 발표에 이은 2022년 12월 28일, 정부는 건설기계 등 노동조합을 '사업자단체'로 규정, 공정거래위원회를 통해 제재하겠다고 나섰다. 이는 출범 후 국정과제 이행계획에서 명시한 '단체협약시정명령' 등 공정성을 무기로 한 노동탄압이 현 역관계 하에 전면화하고 있음을 뜻한다(2022년 12월 고용노동부에 따르면, 8월부터 '고용세습' 단체협약 내용에 대해 기아차, 현대위아 등 20여 개 사업장에 시정명령을 내린 상황이다).

공정거래법 주요 내용에 따라, 노동조합의 존재는 '노동력의 시장가격'을 교란하는 사업자가 된다. 당면해 건설 등 특수고용노동자들이 탄압 대상이 되고 있으나, 공세를 방어해 내지 못할 경우 노동계급 전체에게 확대될 수 있다.

---

20 이를 드러낸 상징적 장면이 2022년 8월, 중국을 격노케 한 대만 방문 후 한국을 찾은 '펠로시 패싱 사건'이다. 미국 의전서열 3위 낸시 펠로시를 공항에서 맞은 정부인사는 아무도 없었다.

> **제51조(사업자단체의 금지행위)** ① 사업자단체는 다음 각 호의 어느 하나에 해당하는 행위를 하여서는 아니 된다.
> 1. 제40조제1항 각 호의 행위로 부당하게 경쟁을 제한하는 행위
> 2. 일정한 거래 분야에서 현재 또는 장래의 사업자 수를 제한하는 행위
> 3. 구성사업자의 사업내용 또는 활동을 부당하게 제한하는 행위
> 4. 사업자에게 제45조제1항에 따른 불공정거래행위 또는 제46조에 따른 재판매가격유지행위를 하게 하거나 이를 방조하는 행위
>
> **제40조(부당한 공동행위의 금지)** ① 사업자는 계약·협정·결의 또는 그 밖의 어떠한 방법으로도 다른 사업자와 공동으로 부당하게 경쟁을 제한하는 다음 각 호의 어느 하나에 해당하는 행위를 할 것을 합의(이하 "부당한 공동행위"라 한다)하거나 다른 사업자로 하여금 이를 하도록 하여서는 아니 된다.
> 1. 가격을 결정·유지 또는 변경하는 행위
> 2. 상품 또는 용역의 거래조건이나, 그 대금 또는 대가의 지급조건을 정하는 행위

이는 새로운 탄압이 아니다. 건설노조 탄압 등 '공정성'을 명분으로 한 노동탄압은 문재인 정부 시절부터 추진되어 왔다. '채용절차의 공정화에 관한 법률' 4조의2(채용강요 등의 금지)에 따라, 문재인 정부 당시 노동부는 2021년 9월 '건설현장 불법행위 근절 TF'를 구성했다.[21] 당시부터 지금까지 채용절차법 위반으로 건설노조에 대해 총 4건 6,000만 원의 과태료를 부과했으며, 공정거래위원회는 총 20여 건을 조사 중이다.

---

21 정부는 최근 여러 건설현장에서 노동조합이 조합원 채용을 강요하고, 이를 받아들이지 않을 경우 출입방해·점거 등 불법행위를 일삼는 상황을 심각하게 받아들이고,10월부터 약 100일 간 관계부처 합동 점검·감독을 집중 추진함으로써, 건설현장의 채용질서를 바로잡아 나가겠다고 밝혔다.

윤석열 정부는 노동조합 자체를 '시장교란요인'으로 보고 노동3권 자체를 제약하겠다는 의도를 숨기지 않고 있다. 이는 민주노총 회계를 들여다보겠다는 정부의 공세와도 연동되어 있는데, 노조운동은 사회를 불공정하게 만드는 거대 기득권집단이라는 공세와 함께 미조직 대중의 지지기반을 확대하겠다는 전략을 전면화하고 있다.

7) 공정성을 매개로 한 여성·소수자 차별과 배제

윤석열 정권은 차별과 배제를 선동하며 혐오정치를 밀어붙이고 있다. 여성과 장애인을 비롯한 소수자에 대한 차별과 혐오의 선동은 윤석열 정권이 스스로를 지탱하는 주요 방안이다. 정부 여당의 선동 속에서 기획재정부는 2022년 6월, 기재부는 장애인 권리예산을 배제한 예산안을 국회에 제출했다. 그리고 최근, 다시 전국장애인차별철폐연대(전장연)의 이동권 보장투쟁 탄압이 심화하고 있다. 화물연대 탄압으로 지지율이 상승했다고 판단하자 이를 소수자 탄압으로 확대하고 있는 상황이다.

여성탄압도 마찬가지다. 이미 대선 당시 윤석열 후보는 페이스북에 단 7글자로 '여성가족부 폐지'를 공약했고, "구조적인 성차별은 없다"고 발언했다. 이어 여당과 정부는 대통령의 입맛에 맞춰 여성과 이민자, 사회적 소수자를 배제하는 제도 개악을 추진해 왔다. 이에 따라 행정안전부는 2022년 10월 6일 여가부를 폐지하고 '청소년·가족', '양성평등', '권익증진' 기능을 보건복지부 산하 '인구가족양성평등본부'로, '여성노동'은 고용노동부로 이관하겠다고 밝혔고, 이어 7일 국민의힘은 여가부 폐지 내용 포함한 '정부조직법을 당론으로 발의했다. 일부 지방정부에서도 '여성', '성평등'을 부서명에서 삭제하거나 아예 부서를 폐지하려는 제도 개악을 시도하고 있다. 여가부 폐지안은 이미 정부의 성평등 정책 후퇴·폐지에 주요한 영향을 미치고 있다. 고용노동부 등 제반 정부부처가 위 조치에 가세하고 있다.[22]

이러한 정부와 여당의 사회적 소수자 차별과 배제는 사회 전 부분에 걸쳐 진행되고 있다. 여당은 차별금지법 제정을 명시적으로 반대할 뿐 아니라 2022년 5월 인권활동가들의 단식투쟁과 연대투쟁이 이끌어 낸 차별금지법 공청회에는 아예 불참했다.

민주당은 이 같은 정부와 여당의 사회적 소수자와 노동자 배제와 혐오, 억압을 관망하고 나아가 기여하며 문제를 심화하고 있다. 단적으로 2022년 11일 23일 국민의힘과 정부조직법 등 법률안 처리를 위한 '정책협의체' 구성에 합의하고 여가부 폐지 건을 정치적 거래의 대상으로 삼았으며, 여가부 폐지 반대를 당론으로 정하지도 않았다.

1) 노동자 민중운동 대응 기조:

---

22 2022년 6월 3일 고용노동부는 '남녀고용평등과 일·가정 양립 지원에 관한 법률 시행규칙'의 '적극적 고용개선조치(AA) 조항을 개정해 그동안 직종별·직급별로 나눠 제출하던 성별 임금 현황 정보를 내년부터는 전체 남녀 평균만 제출하도록 바꿨다. 10월 18일에는 2023년 1월 시행예정인 태아산재법의 산재인정 문턱을 높여 무력화하는 시행령을 예고했다. 2022년 11월 9일 교육부는 교육과정 개정안을 행정예고하며 '민주주의'를 '자유민주주의'나 '자유민주적 기본질서'라는 표현으로 수정하고, '성평등'을 삭제하고 '성에 대한 편견', '성차별의 윤리적 문제'로, '성·재생산 건강 및 권리보장'을 '성·생식 건강과 권리'로 대체했다.

4장

정치총파업을 조직하자

모든 노동자 민중의 생존권 보장을 전면에 걸자

한국 노동운동은 1998년 IMF 구제금융 국면에 이어 2008년 금융위기 국면에서 다시 거대한 패배를 겪었다. 위기가 전면화하는 지금, 세 번째 패배를 당하지 않기 위해 큰 싸움을 준비해야 한다.

첫째, 현재 화물연대와 건설노조는 물론 민주노조운동 전체를 겨냥한 정권의 탄압에 사활을 걸고 맞서야 한다. 우선, 당면 상황의 본질을 지역 현장에 알리고 폭넓은 투쟁 태세를 구축해야 한다. 각 지역에서도 토론회, 좌담회, 교육 등을 통해 가능한 넓게 태세 구축에 나서야 한다.

둘째, 최저임금 투쟁을 중심으로 본격화하는 위기 전가 공세에 맞서야 한다. 2023년 최저임금 투쟁 전면화와 함께 물가상승률보다 높은 임금 인상 쟁취 투쟁, 즉 물가임금연동제 쟁취를 위해 싸워야 한다. 바로 지금, '임금이 물가보다 더 올라야 한다'는 것은 생존을 위한 최소한의 요구다. 일터에서 실질임금 삭감과 동결에 맞서는 것은 물론, 사업장 너머 전체 노동자의 연대로 2023년 최저임금 투쟁에 불을 붙이기 위한 준비에 나서야 한다.

셋째, 민주당에 대한 의존을 버리고 아래로부터 노동기본권 쟁취 투쟁과 노동 개악 저지 투쟁을 확대해야 한다. 노조법 2·3조 개정 투쟁은 절실하나, 현재 상층에 머물고 있으며 그 주된 이유는 민주당에 대한 의존이다. 진짜 사장의 책임을 요구하는 비정규노동자, 손배가압류로 파업권 자체를 박탈당한 노동자의 싸움을 묶어 내며 비정규직 자체를 철폐하는 투쟁, 노동3권을 실질화하는 싸움에 나서야 한다. 대우조선하청노동자, 화물연대, 건설노조에 대한 탄압을 방어하는 투쟁, 물량팀 폐지를 요구하며 원청책임을 요구하며 싸우는 현대삼호중공업 블라스팅 노동자들의 투쟁 등이 모두 노조법 2·3조 개정 투쟁이다.

넷째, 공정성을 매개로 한 혐오와 차별 이데올로기 확대에 연대로 맞서야 한다. 윤석열 정부는 화물연대 탄압과 함께 '노동시장 이중구조 개선'을 내걸었으며, 노동 개악을 하면서 공정성 이데올로기를 확대하고 있다. 이런 조건은 경제 위기 심화에 따른 여성과 소수자 차별 강화와 함께 드러나고 있으며, 다시 전장연에 대한 강경 대응을 추진하고 있다.

다섯째, 기간산업에 대한 통제 요구, 상품 가격과 자본의 이윤에 대한 통제 요구를 강화해야 한다. 정부는 50%에 달하는 전기료 인상 등 공공 부문 시장화를 가속하고 있다. 전기요금 인상 반대와 에너지 가격 통제 등, 발전산업 노동자들과 기후정의운동의 통일적 대응이 필요하다. 또한 금융자본 등 대중의 빈곤을 심화하며 기생적 이윤을 쌓는 자본에 대한 통제 요구를 확대해야 한다. 2022년 9월까지 은행의 이자 수입만 40조 원, 정유4사 상반기 영업이익만 12조 3,000억 원에 이른다. 현 위기 국면에서 대중을 수탈하는 자본과 대중의 궁핍을 대비하며 투쟁을 조직해야 한다.

2) 민주노총 2023년 7월 총파업 개요

민주노총은 7월 총파업 목표로 △노동 개악 친재벌 반노동 폭주 저지 △경제 위기와 민생파탄으로부터 민중생존권을 사수 △불평등 체제를 타파하는 체제전환운동 △국가책임 새로운 사회 건설 운동 △의회 권력의 판을 바꾸는 총선, 노동자정치세력화로 연결 등을 제시하고 있다("민주노총은 노동계급이 스스로 의회 권력의 주체가 되는 총선을 만들어야 함. 이에 민주노총은 단일한 정치방침·총선방침을 수립하고 노동자정치세력화의 새로운 단계를 반드시 개척해야 함").

총파업 의제로 △최저임금과 비정규직 임금 인상을 통한 불평등 해소 △고용안정을 기본으로 한 경제 위기·산업전환 대응, 의료·돌봄일자리 공공성 강화 △공공성: 에너지·철도 국유화, 연금보험 보장 강화, 사회서비스 공공성 강화 등을 걸고 있다.

또한 파업의 상으로 △물리적 파급력, 사회정치적 파급력을 담보하는 실질적인 파업 △대중적이고 완강한 2주간의 파업 △민주노총 중앙, 산별, 지역이 노동운동의 한 단계를 뛰어넘는 자체 목표를 제기하고 파업 조직 ·조합원 주체의 투쟁 등을 구상하고 있다.

파업의 시기로는 '정세와 민심' 외 다음을 주로 고려하며 7월을 내걸고 있다. 현 조직 내 상황으로 △일정한 준비의 시간, 상반기 집중 투쟁 결의가 필요하며, 또한 △사업장, 산별 임단협 및 투쟁의 흐름, 공동총파업 집중 시기 결의가 필요하다는 것이다.

3) 전체 노동계급의 요구로 5~6월 정치총파업을 조직하자: 정세는 엄중하나 민주노총 계획은 안이하다

(1) 6월 최저임금 투쟁 마무리 후 7월 총파업, 위기 전가에 맞서 싸울 의지와 계획이 부재하다

민주노총은 2023년 7월 총파업 계획을 제출하며 "강력하고 실질적인 총파업"이라고 설명하고 있으나 현 정세를 감안할 때 민주노총의 계획은 결국 시기 집중 임단투를 넘어서지 못할 공산이 높다. 이는 엄중한 정세 인식과 2022년 상반기 화물연대-대우조선하청노동자 투쟁, 2022년 공공 부문 파업의 교훈을 누락하고 있다.

첫째, 7월 투쟁은 최저임금 투쟁의 의지가 없음을 드러내는 것에 불과하다. 최저임금 동결, 혹은 물가 인상보다 낮은 임금 인상이 흐름과 여론으로 굳어지기 전에 전선을 형성해야 한다. 이런 목표 없이 최저임금 투쟁은 통상적 세종시 집회로 마무리될 수 있을 뿐이다.

둘째, 현 국면 투쟁은 임단투를 조합하는 것으로 이루어지지 않는다. 7월 주요 산별노조 파업권을 확보해 총파업을 돌입하겠다는 구상은 실현 가능성이 낮다. 파업권 확보 시기를 앞당기려는 노력과 무관하게, 처음부터 정치파업 의지를 명확히 하고 현장을 조직해야 한다. 2022년, 절박한 투쟁이 각개격파 당했고, 11월 공공 부문 '총파업'은 시기를 조율한 각 사업장 임단투에 불과한 것으로 드러난 바 있다. 절박한 노동자들이 홀로 싸우다 패배한 상황을 진지하고 뼈아프게 평가한다면, 현 국면 필요한 투쟁은 분노를 결집한 '정치총파업'이 되어야 하며, 이를 위해 절박한 주체를 모아 낼 계획이 제출되어야 한다. 윤석열 정권의 노동탄압에 대해, 분노가 깔려 있는 정세를 놓치는 것은 실기가 될 수 있을 뿐이다.

(2) 전체 노동자의 정치파업 전선을 구축하기 위한 주체 형성 계획이 없다

민주노총 역시 최저임금 인상 등 생존권 요구를 전면에 걸고 총파업을 전개하겠다는 구상을 가지고 있다. 그러나 조직노동운동의 현 상황 속에서 어떻게 최저임금 의제로 싸움을 만들 것인지에 대한 진지한 계획과 의지가 읽히지 않는다.

최저임금 투쟁의 확대를 위해서는 첫째, 최저임금 비정규 불안정 노동자를 모아 내는 것은 물론, 둘째, 현 국면 최저임금 투쟁의 정당성과 절박성을 그 누구도 부정할 수 없는 대의로 세워 내며 조직노동자들의 동참을 이끌어 내야 한다. 이런 과정 없이 노동절 투쟁도, 최저임금 국민임투도, 총파업도 동력을 형성할 수 없다.

더군다나 경제 위기의 초입부에 노동운동의 자신감을 형성하는 것은 쉽지 않다. 최저임금 30% 인상 요구를 걸고 공동투쟁기구를 형성하고, 노조운동은 물론 제반 운동을 결집해 내는 것은 필수적이다. 전 노동계급의 정치 투쟁을 조직하기 위해, 현 국면에 대한 인식부터 확대해야 한다. 현 상황에서 선전-이데올로기 사업의 전개가 조직사업의 첫 단계다.

(3) 전면화하는 노동 개악, 민주당 의존을 멈추고 전 방위적 공세에 맞서야 한다

민주당은 화물연대 파업 진압에 지대한 공을 세웠다. 현 윤석열 정부의 공정위를 동원한 민주노조운동 탄압도 민주당이 예비했다. 이런 상황에서도 민주노조운동은 노조법 2·3조 개정 투쟁 등에 있어 민주당에 의존하고 있다. 노동 개악 역시 마찬가지다. 정권은 신속 추진 입장을 거듭 밝히고 있는 상황에서 민주당에 기대는 것은 노동계급의 명운에 대한 결정권을 양대 보수정당의 막후 조율 과정으로 헌납하는 행위라는 점에서 위험천만하다.

정부는 노동 개악을 지체 없이 추진하며 총공세를 펴고 있다. 정부는 노동 개악을 이미 돌이킬 수 없는 여론으로 만들고, 법률 개악 전 현장에서부터 안착시켜 갈 공산이 크다. 특히 부분근로자대표제 등은 노동부 행정해석을 통해서도 강행 도입이 가능하다. 이런 상황에서조차 민주당에 기대 싸움을 만들지 못할 경우 법 개악은 단지 절차에 불과해질 공산이 크다.

노조법 2·3조 개정 투쟁 관련해서도 마찬가지다. 진전을 만들기 위한 자원은 민주당이 아니라 무엇보다 화물연대 파업 진압 이후 가해지는 노동운동에 대한 탄압에 대한 공동전선을 형성하는 것이어야 한다. 지속되는 정권의 화물연대 탄압이 곧 2·3조 개정 투쟁의 무력화이나 운동진영은 이 전선을 함께 펴지 못하고 있다. 이는 산업 전환 대응 등 과제에서도 마찬가지다. 현 국면 산업 전환 대응에서 필요한 것은 금속산업 공동결정법과 동일 취지의 정의당 정의로운전환법, 즉 거버넌스 확대가 아니라 투쟁하는 금속산업-공공 부문 노동자들을 모아 내는 것이다.

주요 의제에 있어 민주노총은 보수야당-의회주의 진보정당에 의존하고 있으며, 그 결과 총파업 역시 절박한 투쟁의 주체의 요구를 모아 내는 방식이 아니다. 이런 계획으로는 동원적 총파업을 넘어서지 못한다. 민주노총은 동력을 대고, 정당은 입법을 한다는 역할분담론이 현 계획을 포함한 제반 투쟁에도 그대로 드러나고 있으며, 이는 아래 민주노총 정치방침 문제와도 연동된다.

(4) 민주대연합과 배타적 지지방침을 위한 총파업은 어불성설이다: 민주당과의 연대가 아니라 노동자 민중의 힘으로 싸워야 한다

위와 같은 총파업 계획은 민주노총 정치방침과 무관하지 않다. 민주노총은 총파업을 '의회 권력의 판을 바꾸는 총선'으로 연계한다는 목적을 내걸며 4월 내 임시대대를 열어 정치방침을 정리한다는 입장을 가지고 있다. 정치세력화는 응당 노동계급의 목적이어야 하나, 민주노총은 이를 배타적 지지방침 부활과 연계하고 있으며 그 내용 역시 '민주진보세력 결집', 즉 민주대연합으로 심각한 문제를 가지고 있다. 다음은 민주노총 총파업 계획 당시 정치방침에 대한 토론안 중 민주대연합 관련 내용이다.

> "민주노총은 노동계급이 스스로 의회 권력의 주체가 되는 총선을 만들어야 함. 이에 민주노총은 단일한 정치방침·총선방침을 수립하고 노동자 정치세력화의 새로운 단계를 반드시 개척해야 함. 민주노총은 총파업 요구 중 하나로 2024년 총선에서 진보정당의 원내 진출을 유리하게 만드는 제도적 조건을 확장하기 위해 비례를 확대하는 선거법·정당법 개정 등 정치제도 개혁 투쟁을 적극적으로 진행해야 함."
>
> "노동자정치세력화는 민주노총이 진보정당을 포함하여 제민주세력 등 진보정치세력들의 결집된 힘을 만들어 노동자집권과 사회를 변혁하는 것을 목표로 하여야 함."

2022년 12월 15일 중집에 제출된 민주노총 정치방침 수립을 위한 토론문(초안)은 진보대연합은 물론 민주대연합의 방향까지 명시적으로 밝히고 있다. 이는 노동조합운동을 진보당이라는 특정 정치세력 확대의 도구로 활용함은 물론 진보대연합을 민주대연합의 가교로 삼아 연립 정부 구상을 부활하려는 흐름을 가시화하고 있는 것으로 해석할 수 있다. 즉, 세를 과시하는 총파업을 통해 민주당의 연대 대상이 되고자 하는 계획이다.

민주노총 총파업을 진보당 세력화의 계기로 삼는 구상은 이미 2021년 총파업 구상에서도 드러난 바 있다(총파업 → 대선). 정치세력이라면 응당 대중조직 투쟁 과정에서 자기주장을 관철하고 확대하고자 노력해야 하나, 이는 실제 투쟁을 무력화하고 자본가 정당에 종속시키는 방식이라는 점에서 매우 유해하다.

4) 현 정세에 대한 인식을 지역과 현장에 공유하고
대응 태세를 구축하자

(1) 2월, 가능한 전 지역에서 현장 토론회-수련회를 개최하자

가능한 현장과 지역에서 모두 토론회-수련회를 열고, 현 정세에 대한 엄중한 인식을 확대해야 한다. △위기전면화 정세에 대한 인식 △최임 투쟁 확대를 위한 공투본 구성 △민주당 의존 중단과 아래로부터 2·3조 쟁취와 노동 개악 저지 투쟁 확대 △진보대연합-민주대연합 정치방침 반대와 투쟁하는 노동자 정치세력화 제기 등이 요지일 것이다.

2월까지 각 지역 토론회를 열고 위 과제를 실현하기 위한 지역 현장의 구체 과제를 토론함으로써 정세 대응의 힘을 모아야 한다. 정세와 5~6월 총파업을 위한 구상을 공유하고, 단위 현장 사안을 정치화하기 위한 고민을 구체화해 아래로부터 대응태세를 구축하자.

(2) 민주노총·산별노조·지역본부·단위노조·현장조직 등
각급 의결기구 대응으로 지역과 현장으로부터 2023년
정세대응에 착수하자

2월 지역 토론회를 준비하는 과정부터 대응이 이루어져야 한다. 노동운동 의결기구 개입은 대의원대회 당일 유인물을 배포하고 선동자를 배치하는 것에 한정되지 않는다. 지역과 현장 토론을 조직하고,

현 정세를 어떻게 볼 것인지에 대한 주장을 제기하는 것이 시작이다.

2월 7일 민주노총 대의원대회, 2월 22일 공공운수노조 대의원대회, 2월 27일 금속노조 대의원대회 등이 예정되어 있다. 이와 함께 지역본부 대의원대회, 사업장 대의원대회가 이루어진다. 우선 당면 일정으로 △1월 25일부터 2월 6일까지 각 지역 민주노총 대대안건 설명회 △2023년 2월 1일~13일 금속노조 사업계획 현장토론이 예정되어 있다. 해당 자리에서부터 계급적 노동운동은 2023년 정세와 대응방안을 어떻게 보는지를 주장해 나가야 한다.

민주노총과 산별노조 대의원대회 등 개입과 함께, 지역본부와 사업장 대의원대회 등에서 총파업을 자기 과제로 받아 안고 자원을 투입할 것을 요구해야 한다.

5) 노동운동 키워드:
최저임금, 노조법 2·3조, 노동 개악, 노동탄압

(1) 총파업 공투본-실천단 구성, 전체 노동계급의 요구를 걸고 사업장을 넘어 준비해야 총파업이 가능하다

전체 노동운동의 과제를 자기 과제로 세우기 위해 사업장을 넘어선 연대투쟁 질서가 필요하다. 지역본부, 활동가조직, 투쟁사업장, 정치운동조직 등을 주축으로 2023년 투쟁 과제 실현을 위한 공동투쟁 체계 구축을 제기하자. 사업장 순회간담회, 지역 투쟁사업장 공동집

회와 선전전 등 크건 작건 사업장을 넘나드는 실천을 벌이자.

노동자 각자가 사업장 체계를 넘어선 투쟁의 주요 제안자로 서야 한다. 공투본 등 구상이 의결기구를 넘지 못하더라도 공동투쟁체계를 가능한 폭넓게 구성하며 주요 집행책임자로 서자.

(2) 공투본-실천단, 2023년 전체노동계급의 투쟁 과제가 무엇인지 알리는 것으로부터 시작하자

경제 위기 초입부, 노조운동이 전체 노동계급의 요구를 들고 싸우지 못한다면 연쇄적 후퇴가 있을 수밖에 없다. 노동계급이 희생해야 한다는 국가와 자본의 공세가 대세로 자리 잡히기 전, 조직노동운동이 전체 노동계급의 요구를 자기 과제로 선전해 내는 것부터 시작해야 한다. 현 국면 선전사업은 단지 이데올로기 사업이 아니라 조직사업이기도 하다.

민주당에 대한 기대 속에 국회 일정에 맞춘 논의, 임단투를 종합한 시기 집중 파업이 아니라 노동운동이 독립변수가 되는 정치 투쟁을 준비하자. 이를 위해 우선 가능한 모든 현장에 최저임금 대폭인상·노조법 2·3조 개정쟁취·노동 개악 저지 요구를 중심으로 2023년 투쟁 과제에 대한 대대적 선전사업에 돌입해야 한다.

**(3) 최저임금 인상과 공공 부문 가격 통제 등 생존권 요구를
사회적 요구로 세워 정치파업의 자신감을 확대하자**

화물연대 투쟁과 대우조선 하청노동자 투쟁 등에서 드러났듯, 절박한 노동자 투쟁에 대한 사회적 여론은 상대적으로 우호적이다. 지속되는 생존의 위기에 따라, 한국 자본주의에 대한 대중적 불만이 축적된 상황이다.

공투본-실천단 활동과 함께 최저임금 인상 등 전체 노동자 민중의 생존권 요구를 사회적 요구로 세워 현장에 정치파업은 필요하고 정당하며 가능하다는 자신감을 불어넣어야 한다.

특히 에너지·공공교통 등 공공 부문 노조의 경우, 에너지 위기 심화에 따른 공공요금 인상 조치에 대해 가격 통제 요구를 걸어야 한다. 발전산업 노동자들과 기후정의운동의 일치된 목소리를 추동하는 과정이 필요하다.

6) 4월 활동가 대회: 주요 비정규단위, 활동가조직 단위와 함께 선도 투쟁 대오를 형성하자

**(1) 3~4월, 여성노동자대회 · 노동안전보건 투쟁 ·
세종기후정의행진을 준비하며 의제 투쟁과 전체 투쟁의 고리를
강화하자**

3월 3·8여성노동자대회, 4월에는 노안 투쟁과 함께 세종기후정

의행진 등 기후정의-산업전환 투쟁이 예고되어 있다. 3·8은 비정규·불안정노동체제의 가장 큰 피해자인 여성노동자들의 총파업 주체화, 4월 노동안전보건 투쟁은 중대재해기업처벌법 강화, 세종기후정의행진은 발전산업 등 산업전환 총고용보장과 금속산업 노동자들의 원청대재벌에 맞선 투쟁체계 구축 등 주요 과제와 연동되어 있다.

4월 노안 투쟁을 준비하며 죽지 않고 일할 권리를 요구해 온 비정규 단위와 함께 선도 투쟁을 제안하고, 세종기후정의행진을 준비하며 산업 전환에 맞서 싸우는 발전산업-금속부품사 단위와 함께 연대 투쟁을 만들자. 자기 투쟁과 전체 투쟁의 고리를 강화하며 투쟁을 확대하자. 산업 전환 대응의 경우 노사정 거버넌스 확대가 현 노조운동의 주요 요구이므로, 아래로부터의 투쟁질서를 확대함으로써 사회적 합의주의에 맞서야 한다.

(2) 4월 말, 전국활동가 대회로 결의를 확대하자

2~3월 총파업 공투본 구성과 투쟁 태세 형성을 바탕으로 4월 노안 투쟁, 5월 윤석열 취임 1년, 6월 최저임금 투쟁 국면 총파업을 준비해야 한다. 4월 말까지 선도적으로 싸워 온 비정규직 단위, 공공 부문 자회사 공동 투쟁 단위, 건강한 현장활동가 조직 등 의지가 있는 단위와 함께 정치총파업을 결의하는 자리를 만들어야 한다. 이 자원을 중심으로 실제 정치총파업의 본격화를 호소하고 추진하자.

자본주의 시대전환과 한국 노동운동

ⓒ 양준석, 백종성, 2023

발행일 초판 1쇄 2023년 7월 12일

지은이 양준석, 백종성

기획, 편집 및 마케팅 김유민, 오연홍, 홍종남

디자인 이진미

펴낸이 김경미

펴낸곳 거인의발걸음

등록번호 제2023-000005호

주소 서울시 은평구 갈현로25길 5-10 A동 201호(03324)

전화 070-8833-3170 **팩스** 02-3144-3109

전자우편 giant_step2023@naver.com

네이버 블로그 https://blog.naver.com/giant_step2023

값 15,000원 | ISBN 979-11-983813-9-2